肩書 タイトルはいらない

自分らしく生きるために

アイアム ハッピーマン！

ハワイでイルカと泳ぐ
リチャードの幸せになれるヒント 22

VOICE

笑顔、友情、愛、そして癒し。
イルカから人間への贈り物は、
人間からイルカへの
贈り物でもあったんだよ。
素敵なパートナーシップに感謝!

海の中でイルカに出会うと
時間が止まって、
空間も超えてしまう。
まるで大きな宇宙に
漂っている気分になる。

ハワイは地球の
"ハートのチャクラ"に
あたる場所。
たくさんの人たちが訪れるのは、
ハワイが"愛の島"だから。
さあ、ハートに愛を
いっぱいチャージして
またいつもの場所へ
戻っていこう!

HAPPY! 幸せは、向こうからやってくるものじゃない。
誰かが幸せにしてくれるのでもない。
今、ここで「幸せになる」と自分が決めればいいだけ。

自分らしく生きるために
肩書 タイトルはいらない
アイアム ハッピーマン!
ハワイでイルカと泳ぐリチャードの幸せになれるヒント 22

Contents

はじめに 8

story ① 15
イルカが人を癒す理由
〜ドルフィンツアー体験談〜

story ② 23
イルカは宇宙からやってきた！？

  26
呼吸は
「ライフフォース(命の力)」になる

story **4** 30
"与える"だけでいいんじゃない？

story **5** 34
タイトル(肩書)はいらない

story **6** 38
自分とつながり、
リセットの時間を持つ

story **7** 42
"忙しい"はクールじゃない

story **8** 50

"希望"は生きるエンジンになる
　　～光と出会った物語～

story **9** 59

ハワイは地球のハートチャクラ

story **10** 64

後悔しない人生を送るために

story **11** 70

夢をあきらめない
　　～ジェームス・ブラウン物語～

Contents

story ⑫ 84
"ゆっくり"から見えてくるもの

story ⑬ 88
自立するということ

story ⑭ 93
自然界のヒミツ

story ⑮ 96
イルカをめぐる政治的な動き

story ⑯ ································· 100
シンクロニシティが起きるとき
〜山川夫妻との出会いの物語〜

story ⑰ ································· 109
ハワイはあなたを試す！？

story ⑱ ································· 113
個性はそのままで

story ⑲ ································· 117
人の痛みを感じる

Contents

story 20 121
定められた命を生きる
〜ドクター・フリッツ物語〜

Richard's Column 1
ドクター・フリッツその後 143

story 21 147
スピリチュアルとビジネスと豊かさと

story 22 152
あなたはガイドに守られている
〜天使になったアリヤの物語〜

Richard's Column 2
海の天使アリヤがイルカを連れてきた 160

おわりに 164

はじめに

はじめまして。
ハワイでイルカと泳ぐ起業家のリチャード・ホーランドです。

現在私は、日本とハワイの間を行き来しながら
ハワイのオアフ島で、
ドルフィンツアーの会社を経営しています。

それは、人間とイルカの交流を通して、
イルカが人間にもたらしてくれる奇跡を
毎日のように目撃できる素敵(すてき)なお仕事。
イルカが人にどんなミラクルを授けてくれるのかについては、
この本を通してご紹介していきますね。

さて、自分はアメリカ人ではあるのだけれど、
日本はかけがえのない特別な国。
日本との縁は、
約40年前に米軍のネイビーの一員として
日本の厚木基地に派遣されたことがきっかけでした。
同期の約2千人のネイビーの隊員たちの中で、

はじめに

日本に駐留することが決まったのは、なんと1人だけ。

1/2000という偶然の確率で
日本との縁が生まれなかったら、
たぶん、今の自分はここにいないでしょう。
最初にペンシルベニア州の小さな町から
やってきたときは、
日本に対する知識はまったくナシの状態でした。
少し前の時代の典型的なアメリカ人が抱く
日本のイメージは、
"サムライ"とか"ゲイシャ"なんていう
前世紀のものだったから。
自分の日本に対するイメージも同じように
その程度だったのです。

ところが、日本の地に降り立つと、
日本という国に恋に落ちてしまった！
生まれて初めて訪れた京都の古いお寺で
突然なつかしさを覚えたり、
勉強があんなにきらいだったのに、
ネイビーの仲間の誰よりもはやく
日本語をマスターしたりして、
日本に来てから、

初めて本当の人生がはじまったような気がしたものです。

米軍を退いた後は、
日本人の女性と恋に落ちて結婚して家庭を持ち、
縁があってハワイに住むことになり、
現在のビジネスにたどり着き
そして今、ビジネスも成功して公私ともに順風満帆、
幸せいっぱいな日々を過ごしています。

そんな私を見て、
「リチャードみたいにラッキーな人は見たことない！」
と周囲の皆は言ってくれます。

でも、これまでの人生をそばでずっと見てくれている人は、
私がジェットコースターのような人生を
送ってきたことを知っています。

そのジェットコースターも、
ゆるやかなカーブどころか
360度の回転を何回転もするような、
アクロバティックなジェットコースター。
真っ逆さまに回転しながら、

何度も振り落とされそうになり
そのたびに、必死でシートにつかまっていたのです。

でも、不思議なことに、本当に不思議なことに
試練に遭遇するたびに、窮地に立たされるほどに、
いつもミラクルが起きてきました。

思いがけない出会いや、
信じられないシンクロニシティ。
ときには、目には見えない世界からのサポートによって
予想もつかない展開が起きて、人生が好転してきたのです。

「その秘訣は何？」
「幸せになれるだけじゃなくて、
成功できるコツを教えて！」

だから、そんなふうに訊ねられると
ちょっと考えてしまうのです。
なぜって、いつもその瞬間瞬間に
ベストな自分でいたいと思っていただけだったから。
そして、今現在もそれは変わりません。

実は、今回の本を書くにあたって
「幸せに成功できる習慣を教えてほしい」と
言われたのだけれど、
一人ひとりに個性があるように、
自分の習慣があなたに合うかどうかわからないし、
その逆もまたしかり。

だから、「こうした方がいいよ」
「ああするべきだよ」などと言って、
自分の習慣を皆さんにおすすめするつもりはありません。

それよりも、
これまでどんなふうに生きてきたかをお話ししたり、
自分なりの考え方をご紹介していこうと思っています。

その中から、生き方のヒントや
幸せになるためのコツを
見つけてもらえればうれしいのです。

本書を読んでいただければわかると思うけれども、
私の人生は不思議で奇想天外な話が満載！

だから、そんなユニークなエピソードを
ただ楽しんでもらえるだけでもいいと思っています。

その中から、あなたにとって何かピン！とくる
気づきがあれば、
それだけで"ハッピーマン"なのです。

それでは、22個の
「今すぐここから幸せになれるショートストーリー」
をお届けします。

さあ、「リチャードの人生劇場」のはじまりはじまり！

リチャード・ホーランド

story ①

イルカが人を癒す理由

イルカはあなたの どこを癒すか知っている

「イルカは、どうして人間を癒せるの？」
イルカのツアーを行っていると、
よくこんな質問が寄せられるんだよね。
そんなときは、こう答えるようにしているよ。
「なんだかわからないけれど、
イルカと泳いだ人が皆ハッピーになれるんだよ」

これまで約20万人をイルカのツアーに
案内してきたけれど、
イルカと泳いだ人たちは、海から上がってくると、
皆、笑顔になって幸せそうなんだ。
気分がアガって興奮している人がいれば、
生まれて初めての体験の喜びを
静かに噛みしめている人もいる。
リアクションはさまざまだけれど、皆口々に、
そこには別世界があったと語ってくれる。

そして、ひとつだけ確かなこと。
それは、どんな人もイルカから
何らかの気づきを受け取っているということ。
人によっては、自分の中でとてつもなく深いシフトが起きて、
その後の人生が大きく変わってしまうほどの人もいる。
もちろん、中には「楽しかった〜！」と
言うだけの人もいるけれど、
それでも、何度かイルカと泳いでいるうちに、
そんな人にも大きな変化が起きてくる。

今、イルカのセラピー効果は
すでに科学的にも証明されているんだよ。
"ドルフィン・レディ"のニックネームを持ち、
教育者でありヒーラーでもあるテリー・ピニーさんは、
海洋生物学者や科学者たちと
イルカのセラピー効果について長年研究してきた人。
そんな彼女はイルカのセラピー効果について、
自身の著書の中でこんなふうに述べているよ。

> 人間とイルカが接触するとき、私たちの体の癒しが触発され、精神的な問題を持っている人たちの学習能力が高められ、体の中でブロックされていた部分が解放されるという事実が明らかにされています。〜中略〜

story ① イルカが人を癒す理由 ～ドルフィンツアー体験談～

> イルカのエネルギーは、人間の頭脳のβエンドルフィンを活性化する働きを持っていることを示しています。βエンドルフィンは、愛、至福感、幸福感、喜びといった感情を開く鍵を握っている細胞で、苦痛を抑える働きを持っているのです。～中略～　野生のイルカと泳いだ人々が健康の増進を体験しているという事実も科学的に確認されています。～中略～　これは、生体電気のエコーシステム、ソナースキャニング、音波、高次元のレベルのコミュニケーションによって行われているものと思われます。
> ＜テリー・ピニー著　大内博訳　『イルカは海の天使』（講談社）P10より＞

そんな想像を超えるようなイルカの能力の中でも
驚くべきポイントは、
イルカは「誰のどこを癒すべきか」ということを
自分たちで認識しているということ。
どうやら、イルカは人間の肉体を
スキャニングしながら、
光のホログラムのような状態で
見ているらしいね。

海洋生物学者や研究者たちは、イルカは目の前に位置するゲル（膠化体）がつまったメロンから出るエネルギーを使うエコロケーション（音波で位置を確認すること）システムによって、人間を一人ひとりスキャニングして、だれと交流するかを注意深く決めると考えています。このエコロケーションシステムによって物体の位置、大きさ、形、人間の性別、あるいはその人間が金属物体をもっているかどうかを知覚することができるのです。しかも信じがたいような正確さで、これができるのです。観察によれば、一般的に言って、イルカはまず子どもに近づき、それから、女性、そして成人の男性という順序であるということです。

<テリー・ピニー著　大内博訳　『イルカは海の天使』（講談社）P12より>

イルカの波動に人間の波動がシンクロすることで奇跡が起きる

イルカが人間と交流することで、
人間に変化や癒しが起きたりするのは、
イルカの高い波動に人間の波動が合ってくるからだと思う。

だから、イルカと過ごす時間や回数が多いほど、
その人の波動も上がってくるんだよ。
そして、その人にとって必要な変化につながっていく。

story 1 イルカが人を癒す理由 〜ドルフィンツアー体験談〜

それは、ココロやカラダへの癒しだったり、
人生の大きな決断だったり、
友情や愛、そして大きな目覚めを受け取る人もいる。
イルカは、その人にそのタイミングで
一番必要なことを届けてくれるんだよ。

不思議なことに、海が怖いって言っていた人も、
イルカと出会うと、
それまでの恐怖がどこかへ行ってしまったように
イルカと戯れている。
イルカは怖(おそ)れや不安を取り除いてくれるんだね。

出産が近い妊婦さんにも、
やさしく近寄ってくるんだよ。
新しい命の誕生を祝福された妊婦さんが
海から上がってきたときに、内側から放射するような輝きを
伴っていた姿も忘れられない。

とにかく、人間がイルカと一緒にいることで
何かが起きるんだ。
これまで約30年の間に、うれしいサプライズに、
信じられないミラクルをたくさん目撃してきたよ。

私は、イルカと人がコミュニケーションすることの
橋渡しをすることに強いミッションを感じているし、
そんな仕事ができる自分のことを
とても幸せ者だと思う。

さあ、"海の天使"でもあるイルカは、
あなたには何を授けてくれるのかな。
イルカからあなただけに贈られるギフトを、
ぜひ一緒に泳ぐことで
受け取ってほしいと願っています。

今すぐここからHappyルール 1

イルカはその人に必要な癒しを知っている。
人の波動がイルカの高い波動に合うことで
ミラクルが起きはじめる。

story ① イルカが人を癒す理由 〜ドルフィンツアー体験談〜

ドルフィンツアー体験談

イルカと出会うと、ミラクルがたくさん！
ドルフィンツアーに参加した人たちの声

❶イルカがサヨナラを言いに来てくれた！

8年間住んだハワイから去ることになり、これまで何度も参加したドルフィンツアーに最後の思い出作りのために参加しました。その日は天気もよく、聖地のマクアビーチではたくさんのイルカたちが出迎えてくれて大満足。それに、その後に不思議なことが起こったのです。この日、お別れ会でもらったハワイのお花のレイを海に戻そうと持ってきていました。そのお花を息子たちと海に流してハワイの海にお別れを言った途端、なんと、すでに遠くに行っていたイルカたちが戻ってきてくれたんです！ そして、私たちの前に現れて、大きなジャンプを3回も見せてくれました。まるで、イルカたちがお別れを言いにきてくれたかのようで、涙があふれてきました。イルカは、やっぱり特別な存在なんですね。この日のことは、忘れられない思い出になりました。

（女性　30代　会社員）

❷イルカと泳いで大自然のすごさを体感

イルカと一緒に泳ぐことができてよかった！ 海の中では夫婦イルカのそばに子どものイルカがいたり、若いカップルと思われるイルカはじゃれ合っていたりなど、たくさんのイルカたちがゆっくりと優雅に泳いでいたのも見ることができました。それに、イルカの声も聞けたんですよ！ イルカと泳いでいると、自然界の中で人間は本当にちっぽけな存在なんだと感じると同時に、地球のすばらしさを実感しました。改めて、大自然のすごさを感じた瞬間でした。

（男性　20代　会社員）

❸ 学校を休みがちの娘が変わった！

学校に行くのが嫌で休みがちだった娘が、リチャードさんのリトリートに参加して以来、とても元気になりました。ツアーの参加者の皆さんたちも、やさしく娘に接してくれたので感謝です。特に、娘にとっては、初めて海で泳いでイルカと出会えたことがかけがえのない体験になったようです。日本に帰国してからは、娘は自分から積極的に水泳教室に行くと言い出してスイミングの練習をはじめたのです。ハワイから帰った今でも、目を輝かせてハワイの話ばかりしているんですよ。

（女性　40代　主婦）

❹ "今という瞬間"に生きるイルカからの学び

イルカと一緒に泳いでいたときに、なんとも説明しがたい、純粋な喜びの感覚を覚えました。イルカたちが僕に見せてくれたのは、海の中で彼らがどんなに喜びに満ち満ちているか、ということ。今でも、あのときの海の感覚がよみがえってきます。イルカたちが、今という瞬間に生き、喜びを生きているのならば、僕たち人間だって同じことができるはず。これは、イルカが僕にくれたメッセージです。自分が今という瞬間に生きることを妨げているのは、自分自身に他ならないことにも気づきました。イルカやクジラは、僕にそんなことを思い出させてくれたのです。イルカから生きる力をもらったような気がしました。

（男性　30代　教師）

story ② イルカは宇宙からやってきた!?

「でも、そもそもどうして、
イルカはそんな不思議な能力を持ちあわせているの?」

イルカが人間に対して行ってくれることは、
説明がつかない奇跡も多い。
すると、こんなふうに疑問に思う人も多いんじゃないかな。

実は、スピリチュアルの世界ではイルカは宇宙から、
それも、シリウスという星からやってきた存在だと
いわれているんだよ。
スピリチュアリストのドランヴァロ・メルキゼデク氏も、

イルカは、人類の覚醒を助けるためにシリウスから
地球にやってきた高次元の存在だと語っている。
過去にワークショップを一緒に開催したことがある
友人でもあるドランヴァロ氏が、かつてこんなことを
語ってくれたんだよ。

「イルカは、もう何万年も前に地球にやってきたんだ。すでに目覚めている存在であるイルカたちは、僕たち人間にも同じように目覚めてほしいんだよ。なぜって、僕たち人間が目覚めることで、彼ら自身ももっと高い次元に行くことができるから。だから、イルカは自分たちも成長するために、銀河系の星から地球を選んだんだ。シリウスと地球は兄弟星といわれるくらい似ている星なんだ」

また、イルカやクジラなどが海に存在しているおかげで
地球のエネルギーグリッドが守られているとも語っていた。
確かに、波動の高い彼らがいないと
地球の地軸は傾いてしまうのかもしれないね。
地球の7割を占める大きな海にイルカやクジラが存在することで、地球のバランスが取れているのかもしれない。

イルカは、今でもシリウスと地球の間を
自由に行き来しているともいわれているんだよ。
だから、イルカがハワイの海にいない日は、
「今日は、シリウスに帰っているのかな？」

story ②
イルカは宇宙からやってきた!?

なんて思うこともあるよ（笑）。

もっとも、イルカが宇宙からやって来たということが
正しいかどうかは確かめようがない。
でも、それが真実であろうとなかろうと、
ファンタジックでステキな話だよね。
それに、イルカたちが無条件で、絶対的な愛を
人間に贈ってくれていることは確かなのだから。

イルカたちがもっと高い次元に行けるように、
私たちもイルカともっと一緒に過ごせるといいと思う。
イルカと一緒に泳いだり、ダンスをしたり、
おしゃべりをしたり、楽しく過ごすことが
イルカたちへの贈り物なんだと思う。

実は、イルカから人間への贈り物は、
人間からイルカへの贈り物でもあったんだね。
そんな素敵なパートナーシップに感謝！

今すぐここからHappyルール

イルカたちは人間の目覚めを待っている。
イルカと遊び、交流をすることはイルカたちへの
贈り物にもなっている。

story ③
呼吸は「ライフフォース(命の力)」になる

あたりを見回すと、最近では、
皆が健康に気を遣うようになったよね。

ヘルシーでオーガニックな食事。
高機能のサプリメント。
枕や寝具にもこだわって睡眠の質も上げる。
飲む水だっていいものを選ぶ人も多い。
そして、週に何回かジムへ行って体力づくり……etc.。

いつまでも健康でいたいから、元気でいたいから、
そんな思いから自分にいいと思うものを
探して取り入れている。

でも、外に何かを探さないでも、
自分がすでに持っているものがある。
その何かは、あなたが今、この瞬間にも行っていること。

story **3**
呼吸は「ライフフォース」になる

そのあることで、あなたはもっと変われるはずなんだ。

それは、"呼吸"。
呼吸とは「ライフフォース」そのものなんだよ。
つまり、呼吸は、命の力のみなもとになるもの。
食事も睡眠も運動も大切だけれど、
呼吸こそが身体を、そして、あなたをつくるものなんだ。

あなたは、毎瞬毎瞬の自分の呼吸を意識している？
何気なく、あたりまえのことのように、
無意識で行っている呼吸をもっと意識してみてほしい。

人間とイルカは大きく違うところがある。
それは、イルカは呼吸を意識しているということ。
イルカは哺乳類だから、人間と同じように
肺で呼吸をしている生き物だよね。
そんなイルカの呼吸のペースは
40秒に1回といわれているけれど、
場合によっては、一度海に潜ったら、
10分以上も潜り続けることだって多い。

だから、そんなイルカにとって1回1回の呼吸はとても大切。
一度呼吸をしたら、次にいつ呼吸をするかわからないから、
1回の呼吸がとても深いんだね。

そして、その深い呼吸でイルカの身体の中に
たっぷり入っていく酸素は、
身体のすみずみにまで行き渡っていく。

特にイルカは、一度の呼吸で8〜9割の空気を
入れ替えられるそうなんだ。
だから、身体の中に入っていく空気は毎回フレッシュだから、
息を止めている間でも、体内のすべての機能が
完璧に行われているんだね。

story ③
呼吸は「ライフフォース」になる

ちなみに、人間の方はどんなに深呼吸をしても
入れ替えられる空気は20%がいいところらしい。
ということは、ストレスを感じて浅い呼吸をしていたら、
新鮮な空気は、ほとんど身体に入っていかないと
いうことになる。

だから、もっと深い呼吸を心がけてみよう。
1回1回の呼吸を大切にしてみよう。
フレッシュな空気が、細胞のすみずみにまで
巡っていくことを意識しながら。

"Cerebrate your breath."（呼吸を祝福する）
空気に感謝して、1回1回の呼吸に心をこめて、
そして祝福するように、大きく深く息を吸い込もう。

誰もが生まれながらにして持っているライフフォースを
もっと活用しよう！

今すぐここからHappyルール ③

呼吸は命の源であり、ライフフォースになる。
1回の呼吸を意識して、フレッシュな空気を
しっかり身体に巡らせよう。

story ④
"与える"だけで いいんじゃない？

give and take は、世の中のお約束みたいなもの。
「私があなたにこれをしてあげるから、
あなたは私にこれをしてくれる」
ということは、誰もが納得する基本のルール。

仕事をして (give)、お金をもらう (take) こと。
前回、助けてあげたから (give)、
今回は助けてもらう (take) こと。
ビジネスをはじめ、そんな均衡のバランスが
社会や人間関係を作っている。

でも、give and take が当たり前のようになってしまうと、
「私があなたにこれをしてあげるから、
あなたは私にこれをしてくれる・はず・」
になってしまう。

story **4**
"与える"だけでいいんじゃない？

それに、「私があなたにこれをしてあげるから、
あなたは私にこれをしてくれるベキ」
にもなってしまう。

もらうことに"期待"したり、あげることが"義務"になると、
なんとなく、バランスが自然に取れるはずだった
人間関係もぎくしゃくしてくる。
そうなると、本来の「give and take」のいい流れが、
ゆがんでしまうんだよね。

ちなみに私は、「givingだけ、与えるだけで
いいんじゃないの？」って思っている。
というよりも、givingだけの純粋な気持ちがあるから、
意図していないのにtakeとして戻ってくる。
それが本当のgive and takeなんじゃないかな？

私が今、成功できているのは、"giving"だけを
意識してきたからかもしれない。
ビジネスの世界は弱肉強食だし、
上に行くには相手に勝たなくてはならないシビアな世界。
氷のようなメンタリティで臨まないといけない場面もある。
そんなことがちょっと苦手な自分は、
昔、苦労していた時代に皆によくこう言われていた。
「リチャードは、やさしすぎるからダメなんだよ」ってね。

でも、そんな自分が今ではこんなに豊かになれている。
豊かさはひとり占めするのではなくて、皆で分かち合いたい。
そんな気持ちでいたら、どんどん豊かさが
戻ってくるようになったんだよ。

ここまで読んでくれたあなたは、こう思うかもしれない。
「なるほど。じゃあ、givingだけでいいんだ。
その方がたくさん戻ってくるんだ」
でも、それだと、逆に戻ってくることを
強く期待してしまうことになるよね。
そうなると、本末転倒だね。

それに、世の中にあふれている「引き寄せのルール」も、
「与えることは戻ってくる」と皆が同じように語っている。
だから、「手に入れるためには、まず、与えるんだ」という
考え方になってしまう。
でも、もらうことを前提に与えることってどうなんだろう？
それって、違うよね。

もう、この際、いったん take のことは忘れてみよう。
この世界には giving しかないんだ、と思ってみる。
でも、大切なのは、あなたがその giving を
心から気持ちよく行えているかどうか。

きっとあなたが心からそう思えるようになったとき、
たくさんの豊かさが戻ってきているはずだよ。

心から giving の精神で生きていると、
give and take のルールのことなんて
すっかり忘れているはず。
それが give and take のマジックなんだよね。

今すぐここからHappyルール 4

give and take より、giving の精神で。
"戻ってくること"を意図しない生き方で
豊かさは巡りはじめる。

story ⑤
タイトル(肩書)はいらない

あなたからタイトルを取ったらどうなる?

課長や部長、マネージャーや店長、
大学教授に社長……etc.。
あなたにはどんなタイトルがありますか?

あなたにそんなタイトルがあるのなら、
そのタイトルはあなたがこれまで努力をしてきた証であり、
今、あなたの自信をサポートしているものでもあるよね。
そして、そのタイトルがあるからこそあなたは
社会から信用されたり、尊敬されたりしているはず。
だから、あなたのタイトルは、
自分のアイデンティティになっていると思う。

たとえば、自分の名刺にタイトルがついているのを見て、
自分を誇らしく思う人もいるんじゃないかな。

story 5
タイトルはいらない

「やっと部長になれたぞ」とか、
「社長だから僕は偉いんだぞ」ってね。
「自分ってカッコイイ！」って思う人もいると思う。
タイトルを得るためだけに人生を賭けてきた人にとっては、
タイトルは自分のすべてかもしれないね。

でも、あなたからそのタイトルを外してみたらどうなる？
タイトルのないあなたでも、自分に自信が持てる？
堂々と生きていける？
タイトルのないあなたでも、"あなた自身(アイデンティティ)" は残っている？

実は私は、タイトルはいらない主義なのです。

だから、会社でも「社長」ではなくて、
「リチャード」とか「リッチ」って名前で呼ばれている。
タイトルがあることで、
スタッフの皆には上から目線になることも、
名前で呼び合うことで、皆と同じ目線になれるからね。

自分にはこんな役割があって、あなたにはこんな役割がある。
皆、それぞれの自分の役割を果たしている。
それだけで十分じゃない？

名刺のタイトルは「ハッピーマン」

ちなみに、あの心と身体の医学、
ウェルビーイングの分野で世界的に知られている
ディーパック・チョプラ（Deepak Chopra）博士も
タイトルを捨てた人なんだよ。
彼も、かつては自分のプロフィールに「Ph.D(博士)」
というタイトルを必ずつけていたらしい。
けれども、今ではもうそのタイトルを
つけなくなったとのこと。

その理由は、昔は自身のアイデンティティを
確立するために Ph.D をつける必要があったけれども、
もう自分自身に自信が持てるようになったから、
タイトルは必要なくなったらしいんだ。
確かに、彼の近年の本には Ph.D のタイトルはついていない。
人々の意識の目覚めを促している彼らしい言葉だね。

今回、私が新しく作った
「We are One」という会社の名刺には、
自分の名前の横には代表取締役とか社長とかではなく、
「幸せな人」ってつけている。
そして、タイトルを外しても、自分はそのまんまなんだよ。
タイトルはいらない主義だけれど、
あえていうなら、「ハッピーマン」って言えるかな。

皆がひとつであるという「We are One」の考え方でいえば、
そこにあるのは上下関係ではなくて、ただ平等な関係だけ。
「私はあなたであり、あなたは私である」ということ。

あなたも、タイトルを外した自分がどんな自分なのか、
ちょっと考えてみよう。
タイトルを外した本当の自分の方が、
実は意外にも、もっと素敵な人だったりするかもしれないね。

今すぐここからHappyルール

自分の肩書やタイトルを外してみる。
そして、あなたの本当のアイデンティティを
見つめてみよう。

story 6
自分とつながり、リセットの時間を持つ

story 6
自分とつながり、リセットの時間を持つ

「リチャードは、ストレスはどうやって解消しているの？」

たびたび、そんな質問をされることがある。
でも、考えてみたら自分はストレスを感じることが
ほとんどないんだよ。

それは、自分で自分のことをきちんと
コントロールできているからかもしれないね。
もちろん、日々の暮らしの中でいいことだけじゃなくて
悪いこと、予想もしていないことなど
さまざまなことが起きるのは誰だって同じ。

でも、自分は決してそれらに振り回されないという
自信があるんだよ。
それは、他の誰でもない自分自身が自分のマスターである、
ということを日々の生活の中で実践できているから。

「でも、どうしたらそんなふうになれるの？」

おすすめは、自分自身に戻れるリセットの時間をつくること。
毎朝私は、6時に起床したらひとりで近所の自然の中に
散歩に出かけるのが習慣なんだ。
そして、大きな木にしばらく抱きついて
自然からのパワーを自分の中に取り入れたり
(他の人が見たら、ヘンな人だと思われているだろうね)、

自然の中でヨガをやってみたりする
(これもヘンな人だと思われているかもね)。

こんなふうに、早朝にひとりだけの時間を過ごすことで、
自分自身につながれるんだよ。
そうすると、昨日起きたすべてのことが浄化されていく。
そしてまた、新しい自分になれるんだ。

今では、自分というチャンネルにつながる習慣が
身体にも浸透しているからか、
目覚まし時計もなしで毎朝6時ぴったりに
目も覚めるんだよ。

身体は、あなたの"テンプル(神殿)"そのもの。
テンプルであるあなたの身体がクリアでヘルシーなら、
前の日のストレスだって一日でリセットされるはず。
「ココロとカラダはつながっている」というのは
本当なんだね。

早朝の散歩が私のリセットタイムだけれど、
自分につながる方法は、きっと人それぞれに違うんだと思う。

たとえば、週末にビーチでぼーっとしたりするのが
好きな人もいるかもしれないし、
大好きな漫画を読んで大笑いすることで

story 6
自分とつながり、リセットの時間を持つ

自分に戻れる人もいるかもしれない。
アフターファイブのビールの一口目で、
一日の疲れがリセットできる人もいるだろうね。

「あ、今の自分、ちょっとまずいかも」
「そろそろ、キテいる？」

そんなストレスのアラームが鳴りはじめる前に、
自分だけのリセット法を持っておくのはとても大事。

ストレスがじわじわと蓄積してしまう前に、
自分だけのリセット法を見つけて、
ストレスレスな日々を送る。
そうすれば、どんな毎日でもスイスイと
乗りこなせるはずだよ。

今すぐここからHappyルール 6

ストレスレスな日々を送るためにも、
自分だけのリセット方法を見つけておこう。

story 7
"忙しい"はクールじゃない

忙しくないと成功できないの？

「どう？　ここ最近？」
「元気？　忙しくしてる？」

友人や知り合いとばったり会ったとき、
仕事関係の知り合いなんかと会ったときには、
だいたい最初の一言はこんな感じではじまるよね。
いわゆる、人と人が出会ったときのお決まりの社交的な挨拶。

そんなときには大抵の場合、普通の人なら
次のような感じで返事をしているんじゃないかな。
「おお、そっちはどう！？
こっちは、もう毎日、バタバタだよ！」
「いや〜、忙しくてね。もう、困っちゃうよ」

でも、私の場合はこんな感じで答えているよ。

story 7
"忙しい"はクールじゃない

友人「リチャード！　どう、最近。忙しい？」
私「うん。そんなに忙しくないよ！
　　ちょうどいいくらいかな！」
友人「……」

こんな一言を返すと、
ちょっと相手が一瞬たじろいでしまうのがわかるんだ。
実際に、ちょっと固まってしまう人だっていたりする。
でも、これは自分流のユーモアを込めた挨拶なんだよ。

でも、そんな返事を返された友人は、
「え！？　忙しくないってことは、
ビジネスが上手くいっていないのかな？」
なんてことを一瞬の間に考えてしまい、気を遣ったりして、
次にどういう会話につなげればいいのか
焦ってしまう人もいる。

だって、ほとんどの人にとって、「忙しい」ということは、
一生懸命に働いているということであり、
お金をたくさん稼いでいる、
という意味にも受け取られるわけだからね。
つまり、一般的な常識からすると
忙しいから成功できている、ということでもあるんだ。

とにかく、そんな返事が返ってきた本人たちは、

本当なら出会いがしらのお決まりの挨拶を
なにげなくさっと流すつもりだったのに、
予想外の回答にどう対応していいか、
ちょっぴり困ってしまっている。

ごめんね！
困らせてしまって。
実際に、ビジネスはとてもうまくいっているよ。

どうしてこんな答え方をあえてするかというと、
仕事は忙しくなくてもいいんだよ。
というよりも、本当なら忙しすぎてはダメなんだと思う。
人生において仕事をするということは、
その人の生き方そのものだったりする。
だから、あなたにとって、ちょうどいいベストな働き方を
自分で決めておくことは大切。

"心を亡くさない"で

「忙しい」という考え方は、
日本人特有の考え方でもあるかもしれないね。
日本人にとって忙しいことは勤勉であり、美徳なわけだから。
だから、忙しくしていないと真面目に生きていない

というように思われてしまうかもしれない。

日本語の漢字で「忙しい」は「心」を「亡くす」って
書くけれど、そのとおりだと思う。
忙しさは、あなたらしさを失くしてしまうことになる。
うちの会社のスタッフたちも"心を亡くして"まで
働いてほしくはないと思っているからね。

なにより、そんな忙しさは、本当の豊かさにはつながらない。
豊かさとは、あなたが本当のあなたになったときに
発動するものだからね。
そんな状態で頑張って仕事をしたとしても、
あなたらしさが発揮できないんじゃないかな。

だから、忙しくあるべきとか、忙しいことはいいことなんだ、
っていう既成概念をちょっと外してみてほしい。
そして、あなたらしくいられる"ちょうどいい忙しさ"を
見つけてほしい。

「お疲れ様」も「ご苦労様」も「ちょっと気になる

他にも、日本語で気になっている言葉がある。
それは、「お疲れ様」という言葉。

これも、日本人の生活の中にしっかり根付いていて、
普段からなにげなく使われている言葉だよね。
たとえば、仕事が終わって誰かが帰宅しようとすると、
周囲の人が「お疲れ様！」とねぎらいの声をかける。
そして、帰宅するその本人も「お疲れ様です！」と言って
オフィスを出ていく。
これはもう、日本人にとって
ひとつの決まったパターンだよね。

でも、ちょっと待ってほしい。
一日の仕事を終えて帰宅する人は、
疲れていなければいけないの？
もしくは、疲れるまで働かなくてはいけないの？
「お疲れ様」っていう言葉は、
なんだかこう言っているように聞こえるんだよね。
「今日も一生懸命働いたので、疲れてしまいました。
だから今日は、もうこれ以上は働けないから帰りますね」
みたいにね。

そんな疲れてしまっている社員は、
会社にとっては忠実な人なのかもしれない。
でも、うちの会社のスタッフたちには、
元気なままで家に帰ってほしい。

story 7
"忙しい" はクールじゃない

楽しくて、
ハッピーな一日だったなという気持ちで
一日を終えてほしい。
そして、帰宅した後にも
家族との楽しい時間を過ごしたり、
プライベートな時間だって
大切にしてもらいたいんだ。
そんな生活ができるから、
明日への仕事のエネルギーも
湧いてくるんじゃないかな。

だから、私は「お疲れ様」っていう言葉は使わない。
「今日もありがとう！　また明日ね！」
こんな挨拶で一日を締めくくっているよ。

日本語の「ご苦労様」という言葉も同じだと思う。
こちらも人が何かをしてくれたときにかける、
ねぎらいの言葉だよね。
でも、その人に苦しい思いをさせてまで
何かしてもらいたいなんて望んでいないよ。

話す言葉がそのまま生き方になる

すべて、言葉のあやかもしれないけれど、
言葉ってとても大事なんだよ。
日本語に「言霊」っていう言葉があるけれど、
そのとおりだと思う。

「忙しい、忙しい」って言っていると本当に
"心を亡くして"自分を見失ってしまうし、
「お疲れ様」だと、心身共に疲れることが
すばらしいことみたいになってしまう。
だから、なにげなく使っているこんな日々の言葉たちにも、
少しだけ意識を向けてほしい。
そんな小さなことから、
あなたの生き方だって変わってくるかもしれない。
あなたの口から出てくる言葉は、
そのままあなたの生き方になっているのだから。

story 7
"忙しい"はクールじゃない

たとえば、挨拶のやりとりからそんなことに
気づいてくれる人もいる。
「そんなに忙しくないよ！」という挨拶に、
最初はちょっと面食らっていた人たちも
みんな、「確かに、そうだよね〜。
忙しくなくてちょうどいいのが一番だよね！」と
気づいてくれる。
そして、自分の生き方を振り返る
きっかけにしてくれているよ。

だから私は、これからも
「どう、最近、忙しい？」って聞かれたら、
たぶん、「うーん、そんなに忙しくないよ。
ちょうどいいよ！」って答えると思う。
心を亡くさないで、心が満ちている状態で
仕事をしていきたいね。

今すぐここからHappyルール

忙しすぎることは、カッコイイことじゃない。
"心を亡くさない"自分らしい働き方で、
その人らしさが輝きはじめる。

story ⑧

"希望"は
生きるエンジンになる
〜光と出会った物語〜

シャーリー・マクレーンの本との衝撃的な出会い

これは、まだ私が若かったころの話。

"見えない世界"のことを初めて教えてくれたのは、
シャーリー・マクレーンの『アウト・オン・ア・リム』
(地湧社〔現在は角川文庫より発売〕)。
今から30年以上前に発売されたこの本は、
全米で300万部の大ベストセラーになり、
日本でも精神世界のムーブメントのきっかけになった本
として有名だよね。

この本を読んだ多くの人がそうであったように、

自分も同じように、シャーリーの自らの神秘体験や
当時はまだ珍しかったスピリチュアリティに対する
彼女の考え方を知ることで
これまでの信念体系が揺らいでしまうほどの
衝撃を受けたんだ。

「起きることには、すべて意味がある。偶然はない」
なんていう本に出てくる彼女の言葉は
すべて新鮮だったけれども、
すぐには信じられないことばかり。
だからそこからは、まるで何かの答えを探すかのように、
エドガー・ケイシーをはじめ、
あらゆる精神世界系の本を夢中になって読みはじめたんだ。

突然、チャネリングのように "神" を語りはじめる

そんなある日、あるキリスト教系の宗教の勧誘が
二人組で我が家へやってきた。
こういう場合は、普通だったら帰ってもらうところだけれど、
いろいろ質問をしたくて、部屋へ上がってもらったんだよね。

「神は本当に存在しているの？」

「もし、そうなら神とはどんな存在？」
「キリスト教は輪廻転生の考え方を禁止したというのは
本当なの？」
そんなことを立て続けに質問してみたの。
でも、こちらからの質問に彼らは手元にある聖書から
答えをいちいち探そうとするんだよ。
そして、聖書の中にある言葉のままで私に答えようとする。

だから、こう言ったの。
「聖書じゃなくて、あなたたちがどう思っているかを
聞きたいんです！」
でも、彼らはこちらを説得しに来たはずなのに
困惑するばかり。
そのとき、彼らに向かって質問をしたのは私なのに、
神という存在について、自分の口から言葉がとめどなく
あふれ出しはじめた。

そんなことは、初めてだったからびっくり！
まったく意図してないのに、
そして、自分の頭で考えてもいないことを
まるで何かの存在をチャネリングしているように、
彼らに向かってスラスラと語りはじめたんだよ。

「神とはこのユニバース全体を司る崇高な存在で、
この世界のすべての創造物に存在している。

そして、神はすべての存在に
平等に愛を注いでいるんだ……etc.」

彼らへの長いスピーチが終わったとき、頬は涙で濡れていた。
"何か"が語ったその神聖な言葉が
自分の身体から湧き出してきたことに、
一番驚いていたのは自分自身だった。
二人組も圧倒されてしまったのか、
あわてて帰っていってしまったよ。

その日は、生まれて初めて起こったことに
興奮して疲れ果てて、
そのまま再びシャーリーの本を読みながら
ベッドに倒れこむように寝てしまった。

光の存在との出会い

すっかり深夜になっていたころ、
何か閃光が走ったような感覚を受けたんだ。
すると、次の瞬間、自分は部屋の上の方に浮いていて、
ベッドに寝ている自分の姿と身体の上に
シャーリー・マクレーンの本を抱えている
自分の姿を見ていた。

「も、もしかして、体外離脱をしている！？」
思わず、驚いてちょっとワクワクしながら、
それと同時に「怖い！」という気持ちも湧き上がってきた。
でも、そんな恐怖は次の瞬間にどこかへ消えてしまったよ。

次に憶えているのは、
まばゆいほどの光の前に立っていたということ。
その光から伝わってくるのは、
言葉で表現できないほどの大きな愛のエネルギー。
その愛はただただ純粋で、無条件の愛を放射してくれている。
そのときの安堵感と至福の感覚は、今でも忘れられないよ。

よくよく目を凝らすと、
その光に人物のような形はないみたい。
これはイエスなの？
それともブッダ？
それとも他の神様？
そんな疑問が、頭の中を冷静に駆け巡っていたのを
憶えているよ。

それは決して夢などではなく、
きちんと意識のある状態だったので
この際、いろいろと質問をしてみようと思った。
そう、昨日来ていた宗教の勧誘の人たちに
質問をしたみたいにね。

すると、質問を考えた瞬間に、
すぐに頭に答えが飛び込んでくる。
まるで、お互いがテレパシーで通じているように。
その答えも、自分できちんと納得できる答え方で
教えてくれるんだよ。
そこで、昨日の訪問者たちにした質問だけでなく、
シャーリー・マクレーンの本で疑問に思っていることなど、
すべてを立て続けに聞いてみたんだよ。
そうしたら、瞬時に戻ってくるすべての答えが、
クリアにストンと自分の中に落ちてくる。

それまで質問で頭の中がいっぱいだったのに、
もう質問がひとつもなくなって、
頭の中が空っぽになってしまったよ。

人生には希望があることを忘れないで

そして、光の存在はこう言ったんだ。
「最後に、リチャードに未来を見せてあげる!
でも、今から見る未来のことは忘れてしまうでしょう。
でも、どうしてそれを見せてあげるのかというと、
人生には希望があるということを
あなたに教えてあげたいから。

なぜなら、あなたにはこれから
大きなミッションがあるからよ」

そこからは、まさに光の速さで、フラッシュが
切り替わるように自分の未来を見せられたんだよ。
そして、本当にその内容はすぐに忘れてしまった。
まるで、すぐに記憶を消されるかのようにね。

そして最後に、その光はまばゆいほどの輝きで
身体全体を抱きしめてくれた後、消えていった。
その間ずっと幸福感に包まれて、
感謝の気持ちでいっぱいだった。

気づいたら、あたりはすっかり朝になっていた。
もしかして、深夜から何時間もあの光と過ごしていたの？
それとも、一瞬の出来事だったの？
2月の寒い日だったのに、
起きたら汗びっしょりになっていたよ。

それは、人生でたった一度だけの特別な出来事。
あの日以来、光が教えてくれたように、
何があっても希望を捨てることはなかった。
実際には、その後、これでもかというほどつらいことが
襲ってきたりしたのだけれど、
希望は前に進むためのエンジンになってくれた。

「人生には希望があるということを教えてあげたい！」

そんな光からの言葉を今、皆にも同じように伝えたいんだ。
これは、自分だけに言ってくれた言葉ではないから。

「希望を持つ」って
とてもありふれた普通の言葉のように聞こえるけれど、
希望があるのとないのとでは、
生きる力がまったく変わってくる。
そう、希望は生きるためのエンジンになってくれる。

今でも毎朝、30年も前の
あの光の存在との遭遇を思い出しながら、
あのときの光に「ありがとう！」とつぶやいているよ。
今日も希望に満ちた一日が送れるように、と感謝を込めて。

今すぐここからHappyルール

希望を持つことは、生きるエンジンになる。
どんな人生だって、希望があれば
明日を生きるチカラが湧いてくる。

story ⑨
ハワイは地球の
ハートチャクラ

ハワイには、ご存じのように世界中から観光客が訪れている。
ハワイは、アメリカのハワイ州として
140万人近い人口がいるといわれているけれど、
昨年の2017年には、なんと1千万人近い人が
世界中から観光に訪れた、世界を代表する観光スポット。

そして、そのうちの２割近くが日本人なんだって。
つまり、ハワイは住人よりも、
外からやってきた人たちの方が常に多いわけであり、
観光客たちでいつも賑(にぎ)わっている島だということだね。

でも、どうしてこんなにハワイは
人気があるんだろう？
どうして皆、こんなにハワイのことが大好きなんだろう？

それは、美しい海と緑あふれる自然に、
かぐわしいトロピカルな空気。
温かいハワイアンホスピタリティ。
美味しい食事とショッピング。
もちろん、イルカと一緒に泳げるという
特別なイベントだってあり！
人々が日常から離れてリラックスを求める場所として、
ハワイは最高のリゾート地なんだよね。

でも、実はハワイは「地球のハート(心臓)」にあたる
スポットでもあるんだよ。
つまりハワイは、人間の身体のチャクラで言えば、
心臓の位置にある第４チャクラにあたる場所。

特に、その中心になっているのが、
マウイ島にあるハレアカラ山といわれている。

story 9
ハワイは地球のハートチャクラ

パワースポットとは、
地球のエネルギーが噴出する
ボルテックスがある土地のことだけれど、
そういう意味において、
ハワイは島がまるごとパワースポットと呼べる所なんだよ。

また、ハワイの地中のさらに奥深いエリアには、
レムリアのエネルギーをたたえた水晶でできた
光の都市であるクリスタルシティと呼ばれる所があって、
ハワイはそのエネルギーの
「ポータル（扉）」がある場所だともいわれている。
あのバシャールも、
ハワイはイルカの愛の集合意識が充満している場所だと
言っているよ。

実は、別名「ハートチャクラ」と呼ばれる
第4チャクラは、
「慈愛」「無条件の愛」「慈しみの心」など
「愛」を表現するチャクラ。

だからきっと多くの人は、
ハワイには観光に来ているつもりでも、
本当は自分のハートを癒し、
ハートに愛を満たすために来ているんだと思う。

そして、その愛にもいろいろなカタチがあるはず。
ロマンティックな愛、家族や仲間たちとの愛、
大自然への愛、そして、
もちろん自分自身を愛すること。
それぞれが、そのときに必要な愛を受け取って、
またいつもの場所へと戻っていく。

ハワイにはアーティストやミュージシャン、
ヒーラーやサイキックなど
クリエイターやヒーリングに携わる人たちが、
世界中から集まる場所だったりもする。
彼らも知ってか知らずか、
ハワイに磁石のように引きつけられてきた人たち。
そして、ハワイという波動の高い場所の
エネルギーと自分をつなげて
この世界に何かを創造したり、
そのエネルギーを人々への癒しに用いたりしている。

私は、ハワイが「愛の島」であることを
知らずに来ていた人たちが、
たくさんの愛でいっぱいになって帰っていく姿を見るのが
とてもうれしい。

story 9
ハワイは地球のハートチャクラ

ハワイは、日本人にとっては海外旅行としては定番の場所。
個人的には、ただ観光に来て
帰っていくというだけでもいいと思う。
いや、本当はそれくらいの方がいいんだよね。

SPAに行きたい？
免税店に行きたい？
ロコモコやガーリックシュリンプが食べたい？
どんな目的でハワイに来たとしても、
あなたに必要な愛はしっかりとチャージされるはずだよ。

私はただ、"愛の島ハワイ"で
両手を広げて皆さんをお待ちしています。

今すぐここからHappyルール 9

ハワイは地球の「ハートチャクラ（第4チャクラ）」にあたる場所。たくさんの人が訪れるのは、ハワイが「愛の島」だから。

story 10
後悔しない人生を送るために

今、この瞬間に、これまでの人生について
振り返ってみてほしい。
ちょっとありえない想像かもしれないけれど、
今日で自分の人生が最後の日になると仮定したならば、
あなたは、何か思い残すことはある？

あんなことをやりたかった。
あの町へ行きたかった。
あの国に行きたかった。
あの人に会ってみたかった。
あの人に自分の気持ちを伝えたかった。
あれを手に入れたかった。
あんな洋服を着てみたかった。
あんな髪型にしてみたかった。
あれを食べてみたかった……etc.。

story **10**
後悔しない人生を送るために

きっとどんな人も、人生でやりたいこと、
やりたかったことの幾つかを
リストアップできるんじゃないかな？

数多くのがん患者を診てきた
バーニー・S・シーゲル博士は、病気の人と向き合い
心の在り方と健康に関する数多くの著書がある医師。

そんな彼のある本を読んでいたときに、
「亡くなる前の95％の人が、
自分の人生に後悔をしている」
という箇所を見つけたときに、
大きな衝撃を受けたんだよ。
思わず、ページをめくる手が止まってしまったほど。

「え？　そんなにも多くの人が
自分の人生を後悔しているの？」

自分の人生に後悔していない人は、
たったの5％だけなの？
どうして！？

実は、周りのみんなも私と同じだと思っていたから、
この調査結果に大きなショックを受けたんだよ。

自慢ではないけれど、
自分は今この瞬間だって、
人生に後悔していることなんてひとつもないと断言できる。
たとえ今、この瞬間に何かが起きて
死んでしまうことがあったとしても、
自分の人生はとても満足できるものであり、
すばらしい人生だったと言える自信がある
(もちろん、愛する家族のために、
まだまだ生きてゆくけれどね)。

どうして自分が、
「後悔していない5%」の方に入っているのかと言われたら、
常にやりたいことをすぐに
行動に移してきたタイプだからかもしれない。
もちろん、これは、「そうしなくてはならない」と
心がけているのではなくて、
自分の生まれ持った本質的で本能的な性格みたいなもの。

これまでも、何かに興味があったり、
やりたいことがあったりすると、
そのことに対してすぐにアクションを起こしてきた。

story 10
後悔しない人生を送るために

それも、あまり頭で考えすぎずに、
いったん、すぐに行動に移してみるのが自分のやり方。

そして、そんな直感にもとづいて起こすアクションからは、
信じられないシンクロニシティがたくさん続いて、
奇跡のような出会いや出来事が起きて、
人生が大きく変わってきたんだ。

もちろん、そのアクションからは
失敗もたくさんあったのは事実。
でも、そこから多くのことを学べたから、
起きたことのすべてに自分で納得できるんだよ。
少なくともそのことにトライしなかった自分を嘆いたり、
後悔することはまったくない。

"Just do it."
これは、あの「ナイキ（Nike）」の有名な広告の
キャッチコピー。
人生とは、この一言に尽きる。
とにかく、「ただ、やってみる」ことが大切。

もし、今のあなたにとって
自分の「やりたいこと」のリストが長々とあるのなら、
今日からでも、そのリストの中でできることから
実行してチェックマークをつけていこう。

どうしても食べたかったあのスイーツを
今日、ネットでオーダーしてみる。
もう一度会いたいあの人に、メールを出してみる。
そんな、今すぐできるところから
はじめてみるのもいいよね。

そんな "Just do it." を心がけていると、
少しずつ "Just do it." な体質になっていくから。

story 10
後悔しない人生を送るために

"やりたかったリスト"は、
そのうち"やることリスト"になって、
リストもどんどん短くなっていくはずだよ。

そして気づけば、
あなたも「5%の人」になれていると思う。
というか、実際にみんながそうなれたときは、
もう5%じゃなくて100%だね（笑）。
いつか本当に、「人生に後悔しない人が100%」になる日が
くればいいと思っているよ。

そのためにも、さあ、
今日も"Just do it."でいきましょう！

今すぐここからHappyルール 10

やりたいことがあれば、"Just do it."。
後悔しない人生を送るために、
今すぐアクションを起こしていこう。

story 11
夢をあきらめない
～ジェームス・ブラウン物語～

「夢は叶わない」と思ってない？

「夢をあきらめない」
誰もが、これまで何度もこの言葉を聞いてきたはず。
巷にあふれている自己啓発本や成功本なんかでも、
定番のテーマだね。

でも、あなたは本当に「夢をあきらめない」でいますか？
「夢をあきらめない」でいたいと思ってはいても、
どこかで「現実と夢は違うものだ」とか
「夢なんて叶うわけない」なんて思っていない？

実は、夢をあきらめないことで、
本当に夢を叶えた人を私は知っている。

それも、本当なら
「そ、それはちょっと、あきらめたほうがいいよ！」

というくらい大それた夢だとしかいえないような夢を。
ここでは、そんな「夢をあきらめなかった」
ある人のことを紹介してみたいと思う。

「いつか、ジェームス・ブラウンに会いたい！」が夢のヒトミ

それは昔、銀座で英会話学校の教師をしていたときの話。
マンツーマンのクラスにやってきたのは、
あるひとりの女性の生徒。
彼女の名前はヒトミ。

派手さはなく少し内気、
けれども芯の強そうな雰囲気のあるヒトミは、
ジェームス・ブラウンの大ファンだった。
そう、アメリカでソウルミュージック・R&B・
ファンクの神様と呼ばれて、
日本でも洋楽に詳しい人なら知らない人はいないほどの、
あのジェームス・ブラウンのことだよ。
現在、彼はすでに亡くなってしまったけれども、
今でもアメリカを代表するミュージシャンのひとりとして
彼の名前は必ず挙がるほど一時代を築いた人。

「いつか、ジェームス・ブラウンに会いたい！」
そんな夢を持つ彼女との授業は、
いつもジェームス・ブラウンの歌の歌詞を勉強すること。
ちょっと変わったユニークな授業ではあったけれども、
いつしかジェームスの歌にあるソウルフルな歌詞に
自分も引き込まれて、楽しい授業を行っていたんだよ。

そんなある日、彼女が血相を変えてやってきた。
なんと、あのジェームスが薬物と暴行で実刑判決を受けて
刑務所に入ってしまったというんだよ。
彼女は、刑務所にいるジェームスに手紙を書きたいので
手伝ってほしいという。
とっさに、「手紙なんか書いても、実際に本人に
届くかどうかわからないし無駄じゃない？」
と思ったのだけれども、
生徒でもある彼女の熱意に負けて、
彼に英語で手紙を出すのを手伝ったんだ。

そして、ジェームスに手紙を送ったことなんて
すっかり忘れていた数か月後のある日、
彼女が興奮しながら連絡をしてきた。
なんと、ジェームスから返信が来たというんだよ。

きっと、何かのいたずらだと思った。
だって、あの大スターが、それも刑務所から

story 11
夢をあきらめない－ジェームス・ブラウン物語

返事を出すなんてちょっと信じられないよね。
でも、手紙を見ると本人のサインもあるし、
刑務所のスタンプも押してある。
「こ、これは！」
そこからは二人で興奮して大喜び。
早速、感謝の手紙を彼宛てにしたためたんだ。
すると、今度は最初のときよりもすぐに返事が戻ってきた。

そして、手紙には「いつか日本でコンサートがあるときには、
必ず会いましょう！」と書いてある。
その手紙を読んだときの彼女は、
これまで見たことがないほどうれしそうだった。
少し地味だった彼女が夢に一歩近づいたことで
キラキラと輝いている。
その日から、ジェームス本人からコンサートへの
招待の連絡が来ることを、
彼女はずっと心待ちにしていたんだよ。

けれども、さすがに3回目の手紙はもう来なかった。

夢、破れたり!?

かなり時間の経ったある日、
ジェームスは刑務所から無事に出所して

日本の武道館でコンサートを行うために、
来日するという噂が伝わってきた。
でも、直前になっても連絡は来なかったんだよね。
残念だけれど、これが有名人やショー・ビジネス界の
現実なんだとちょっぴり残念な気持ちになったよ。
でも、私たちは一応チケットを買って、
武道館で遠い席からステージの上にいる
豆粒のようなジェームスのライブを楽しんだ。
普通だったら、ここで彼女の夢は叶ったことになるよね。
一応彼女は、実際に生のジェームス・ブラウンを
見ることができたわけだから。

でも、彼女の夢は
ジェームスに直接会うことだったんだ。
だから、ここまではまだ夢の途中。
話はまだまだ続くよ。

コンサート会場では、
一応ダメもとでジェームスからの手紙を手にして、
会場の関係者の人たちに頼んでみた。
「これは、ジェームスが書いてくれた手紙なんです。
彼がこの女性に会いたいといってくれたんです。
本人に直接、挨拶だけでもすることはできませんか？」
当然だけれど、現場の誰にいくら頼んでみてもダメだったよ。

そこからまたしばらく経ったある日、
ヒトミがまたまた血相を変えてやってきた。
なんと、実はジェームスは彼女を
コンサートに招待してくれていた事実が判明したんだよ。
それも、コンサートだけでなく
バックステージにも招待してくれていたんだ。
そのことを伝えるジェームスからの手紙を
「こんなコンサートには行かせない！」
と隠していたのは、他ならぬ彼女のお父さんだった。

父親が隠していた手紙を発見したヒトミは、
ジェームスが自分をきちんと招待してくれていた事実を
喜ぶと同時に、
父親の仕打ちに怒り、悲しみに暮れるしかなかった。
ジェームスは、約束をきちんと守ってくれていたんだね。

でも、ヒトミにとってはその一件が
「もう、ジェームスのことは忘れよう」となるどころか、
「いつか、必ずジェームスに会う！」という彼女の夢を
さらに燃え上がらせることになってしまったんだよ。

アツい情熱が夢に近づく

そこからは、どこから調べてきたのか、

ジェームスが所属していたレコード会社のスタジオや、
マネージャーの電話番号などを持ってきては、
コンタクトをしたいと言う。
もちろん、電話をかけるのはこの私なんだけれどもね(苦笑)。
彼女は、コンサートに招待してくれていた
ジェームスにお礼と、
そしてコンサートに行けなかったことを
どうしても直接伝えたかったんだ。

当たり前だけれど、そんなアクションからは
ジェームスへつながることは一度もない。
正直いって、「もう勘弁して〜」という
気持ちになっていたけれど、
「これが最後だから!」、と手渡されたのは
ジェームスの家の電話番号。

彼女は、アメリカのジェームスが住む地域の
イエローページから見つけてきたと言うんだよ。
「いやいや、ちょっと待って!
大スターが地元のイエローページなんかに
自分の電話番号を掲載するわけないよ!」
と答えたのだけれど、
最後の頼みと言われれば仕方がない。
そこで一応、電話をしてみることにした。

すると、同名のジェームス・ブラウンさんだったけれど
やっぱり人違いだった。
「たまに、本人と間違えられて
電話がかかってくるんだよね！」
そう語る人違いのジェームスさんは、それでも、
これまでの一連の事情を面白がってくれて、
そして、ちょっぴり同情してくれたのか
こっそり教えてくれたんだよ。
「うちに本人宛ての手紙がときどき間違って届くんだ。
彼の弁護士の連絡先ならわかるよ！」

こうして、ジェームスの弁護士の連絡先を手に入れたんだ。
そこで、弁護士であるシモンズ氏に連絡を入れて、
何度目かのコンタクトでやっと本人に通じることができた。
すると、彼から思いがけない一言が告げられたんだよ。

「その手紙が本物かどうか確認できれば、
僕がジェームスを紹介してあげるよ！
アトランタのオフィスまでその手紙を持ってこれるかい？」

気づいたときは、
二人はアメリカ行きの飛行機に乗っていた。
ヒトミは私のチケット代と通訳代を支払ってでも、
この旅を決行したかったんだね。

なんとか無事に、アトランタでジェームスの弁護士を務める
シモンズ氏のオフィスに到着した。
でも、そこで何時間も待たされるばかり。
さらには、やっと彼のオフィスに通されたかと思ったら、
忙しいのか機嫌もよくない。
彼は、日本からジェームス・ブラウン狂のグルーピーの
ヘンな二人がやってきた、としか思っていないみたい。
なんだか不安になってきたよ……。

とにかく、ジェームスからの３通の手紙を手に、
これまでのいきさつを彼に話したんだ。
すると、ジェームスからの手紙を彼が自ら確認した途端に
それまで、いやいや応じていたシモンズ氏の態度が激変。
実際に、彼は椅子からずり落ちそうになったほどだったよ。

「これは、ジェームスの直筆の手紙じゃないか！
彼は普段、手紙を書くことなんてめったにないんだよ。
これは珍しい！
この手紙にはいつか100万ドルの価値が
つくかもしれないよ！」

そう叫ぶと、そこからはすべてがいい方向に進みはじめた。
彼はその晩、私たちを食事に招待してくれると、
ついに、ジェームスにも電話を入れてくれたんだ。
シモンズ氏が「日本から君のファンが来ているよ！」

と話した瞬間に、ジェームスは電話の向こうで開口一番に
「それは、きっとヒトミだろう？」と答えたんだよ。

翌日は、ソウルミュージックの故郷、
ジェームスのオーガスタのスタジオに
招かれることになった。
ついに、ヒトミの夢が叶う日がやってきた！
実はヒトミだけでなく、私も緊張しっぱなし。
何しろ、あのソウルの神様、
ジェームス・ブラウンに直接会えるんだからね。

普通の女子がシンデレラになった瞬間

ヒトミにとっては夢にまで見たご対面の瞬間がやってきた。
しばらく待っていた場所に、
突然ふらりと登場したジェームス・ブラウン。
「君がヒトミなんだね！」
ジェームスは私にはハグを、
緊張して固まっているヒトミには
日本式にお辞儀をしてくれた。
ヒトミも少し震えながらお辞儀を返している。

そこから、彼は自らヒトミをエスコートして
彼の自宅兼スタジオを案内してくれた。

目をみはるような豪華なインテリアに、
廊下に飾られている額に入った
数々のプラチナやゴールドレコード。
そして水族館に来たかと思うほど
大きな水槽に泳ぐ熱帯魚たち。
大スターにふさわしいお屋敷を案内されながら、
弁護士のシモンズ氏が「ジェームスって呼ぶんじゃなくて、
Mr. ブラウンって呼んでね！」と耳元で囁く。
そう、彼のカリスマ性の前では、
決して気軽にジェームスなんて呼べないよね。

その夜は、ジェームスが彼の家族や友人たちと一緒に
豪華な食事に招待してくれた。
それに、その翌週に予定されていた業界の
クリスマスパーティにも招待されることになったんだ。
セレブたちが一同に集まるパーティに参加するなんて、
ちょっと場違いだったけれども、
ジェームスがタキシードやドレスを
準備してくれることになった。

夢を見ている気分になったのは、ヒトミだけでなく私も同じ。
ヒトミの通訳役としてだけでなく、
個人的にもジェームスと話す機会に恵まれたことも
いい思い出だよ。
ジェームスは、私が話すヨガの話に

story 11
夢をあきらめない－ジェームス・ブラウン物語

とても興味を持ってくれていたんだよ。

結局その後、数年間に、ジェームスは2回ほど
自身のショーに二人を招待してくれたんだ。
特に、最後にラスベガスのショーに招待してくれたときには、
ジェームスはヒトミをステージに上げて
一緒にダンスまでしてくれたんだよ。

最初に英会話教室のドアを叩いたころは、
ちょっと内気で引っ込み思案だったヒトミ。
「ジェームスの歌詞を英語で理解したいから……」と
遠い存在だった大スターと
今では、ラスベガスのステージで
観客たちの前で彼とダンスを踊っている。
その姿は、普通の平凡な女の子が
魔法にかかってシンデレラになったようだった。

彼女の「夢をあきらめない」情熱だけが、
彼女をこの場所まで連れてきたんだよ。
私は、これまでのことを振り返りながら、
彼女がジェームスにエスコートされながらも
ちょっとヘタなダンスを踊る様子を見て胸がアツくなった。

その後、私はハワイに引っ越してしまい、
彼女やジェームス・ブラウンのこの一件とも
疎遠になってしまった。
でも、今でも、手元に残された
ジェームスたちと一緒に撮った思い出の写真を見るたびに、
あのヒトミのことを思い出すんだよ。
少し強引なほどに、決して夢をあきらめない
ひとりの女の子のことをね。

夢を叶えるときはひとりじゃない

あなたの夢は何ですか？
それは、大きすぎる夢かもしれない。
突拍子もない夢かもしれない。
でも、アツい情熱さえあれば、
その情熱は周囲をも巻き込んで
きっとその夢が現実になる日がやってくるはず。

夢を叶えるときは、自分はひとりきりだと思わないで。
あなたの夢をサポートしてくれる人もきっといるはずだよ。

だから、どうか夢をあきらめないで。
勇気を出して、まずは、はじめの一歩を踏み出してみよう。
きっと、あなたの夢の物語の第1章がはじまるはずだよ。

今すぐここからHappyルール

大きな夢でもあきらめないこと。
情熱さえあれば、あなたの夢は
周囲のサポートを得てきっと叶うはず。

story 12
"ゆっくり"から見えてくるもの

ツルは千年、カメは万年。

そんなことわざが日本にはあるけれど、
カメは実際に長寿な生き物なんだよね。
記録に残っているだけでも、
200歳以上生きたカメもいるらしいね。

では、どうしてカメが長生きできるのかというと、
それは心拍数と呼吸にヒミツがあるんだよ。
人間は、1分間に約18回の呼吸をしていると
いわれるけれども、
カメは約5回といわれている。
そして、人間の心拍数は
1分間に約60回といわれているけれど、
カメの場合は、約25回といわれている。
カメの呼吸も心拍数も人間に比べて極端に少ないんだね。

story 12
"ゆっくり"から見えてくるもの

つまり、どちらも"ゆっくり"であるということ。

ちなみに、人の一生の心拍数は約20億回といわれている。
ということは、心臓が約20億回鼓動を打ち終わると、
命は尽きてしまうということになるよね。

つまり、ドキドキしたり、焦ったり、
あわてたりすることで鼓動が早打ちをしてしまうと、
寿命が短くなってしまうとも言えるよね。

現代社会で常にストレスと共にある我々人間だからこそ、
カメの生き方をちょっと観察してみよう。
実際にカメの動きを見てみると、
いつもゆっくりでエレガント。
のっしのっしと大地の上を這(は)いながら、
首を動かすときだってスローモーションのように
ぐるーりとゆっくり動かすんだよ。
そして、何があってもあわてない。
王者の風格みたいなものが漂っている。

それに、カメって決して他の生き物とも闘わないんだよ。
いつも平和でおだやかだから、
心臓もドキドキ早打ちすることなんてないんだね。

忙しいときほど、カメのように、
ゆっくりとした動きを意識してみよう。
ゆっくり動くことで、視点だって
ワイドアングルになってくる。
視界が広がるといつもなら目に入ってこないものも、
きちんと目の中に入ってくるんだ。
見落としていた大切なものだって、見つかるかもしれない。
ゆっくり動けば、呼吸だって自然とゆっくりになってくる。

story **12**
"ゆっくり"から見えてくるもの

「あわてない、あわてない」
「ゆっくりだと、長生きができてお得だよ！」
カメがしゃべれたら、
きっとそんなことを人間に言うだろうね。

もちろん、カメとは身体のつくりが違う人間は、
カメの呼吸と心拍数は真似できない。
でも、そんなカメの"ゆっくりでエレガントなスピリット"
だけはいつも見習いたいなと思っているよ。

今すぐここからHappyルール **12**

ゆっくりとした呼吸と心拍数のカメは、
長寿の生き物。
人間もゆっくりを心がけることで、
見落としていたものが見えてくる。

story
自立するということ

私が育ったのは、アメリカの中西部、
ペンシルベニア州のクーパーズバーグという町。
人口が約5千人、炭鉱が地元産業である小さな町で、
5人兄弟の2番目である双子の片割れの一人
(もう一人は妹)として、
アメリカのいわゆる典型的な中流家庭の中で育ったんだ。

身体を張って働く体力自慢の男たちが暮らすこの町では、
"男は強くあるべき"だったから、
ちょっと亭主関白な我が家の父親も、
子どもたちにも厳しい人だったんだよね。

たとえば、大工をしていた父親は、
小さなころから私に大工の仕事を本格的に教え込んだんだ。
たぶん、父親は自分に大工の仕事を
継がせるつもりだったんだと思う。

story 13
自立するということ

学生時代は、学校に行きながら
父親の仕事の手伝いをしていたので、
友達と遊んだ記憶よりも
父親の仕事を手伝っていた方が多かったように思う。
特に、夏休みなんかは仕事一色の日々。
夏休みが終わると、逆にほっとしたりしてね。
学校がはじまると、
授業中に机に伏せてこっそり眠ったりしていた。
勉強が嫌いだった私は、
学校はどちらかというと、
身体を休める場所くらいの感覚だったんだよ。

そんなふうに、
子どものころから父親の仕事を手伝っていたので、
子どもながらに、きちんとした
お小遣い以上の収入があったんだ。
実は、親からお小遣いなんかもらったことはないんだよ。
だから、16歳になって車に乗れる年齢になると、
自分のお金だけで結構いい車が買えたんだ。
自分のお金で買ったピカピカの車を運転するのは、
友達にもちょっと自慢だったな。

父親の口癖は、「はやく、一人前になれ！」ということ。
それは、自分がやるべきことは人に頼らずにやること。

そして、自分のほしいものは、
全部自分のチカラで手に入れる、ということだった。
普通の家庭なら、大学を出た時点で
自立するのが普通かもしれないけれど、
私の場合は、子どものころから
自分のものは自分のお金で買う、というのが
当たり前のことだったんだよ。

ちなみに、私は勉強が嫌いだったけれど、
高校の部活のレスリング部ではキャプテンもしていたし、
ペンシルベニア州の中では、
個人でもトップクラスの成績だったんだよ。
どうして、そんなに強くなれたのかというと、
大工の仕事で大きな柱などを運んだりして、
小さなころから身体を鍛えていたから。
父親の仕事の手伝いをすることが
自然にトレーニングになっていたんだね。

父親は、自分の仕事を手伝わせることで、
私を"強い男"にしてくれていたのだと思う。

子どものころは、
その厳しさに負けそうになったこともあったけれども、

story 13
自立するということ

今思えば、精神的にも、身体的にも、そして経済的にも
強さを叩き込んでくれたのは父親だった。

今の時代、自立するということは、
意外と難しかったりもするよね。
たとえば、特に日本においては、
経済の悪化などから、成人しても両親と一緒に住み
いつまでも両親に経済的に頼ることを、
"パラサイトする"などと呼んだりしている。

このような現象は、確かに、
社会環境の悪化もあるかもしれない。
でも、自分のことは自分でやる、
ということが当たり前という環境で育つ人なら、
自立することも決して難しくはないはずだよ。

何より、自立することでひとりの人間としての
生き方が初めてスタートすると思うんだ。
自立することで、
自分の生き方に責任も持てるようになる。

「いいかい？　ほしいものは、自分で手に入れるんだよ！」
小さいころから、そんな自立する術を
叩き込んでくれた父親に改めて感謝を伝えたい。

今すぐここからHappyルール⓭

自立することで、
ひとりの人間としての生き方がはじまる。
自立して、自分の生き方に責任を持とう。

story ⑭
自然界のヒミツ

カメは、背中に
"宇宙のヒミツ"を背負っている。

「ん？　どういう意味？」
ちょっと難しいかもしれないね。

では、ちょっとイメージしてみて。
カメの甲羅の部分のデザインを、
頭の中で3Dにして
想像してみてごらん。
そうすると、
ホログラフィックな
神聖幾何学の形になるよね？
カメが背負っている甲羅のデザインには、
宇宙の叡智が隠されているといわれている。

自然界における形やデザインはひとつの記録であり、
記録は叡智そのものでもあるんだよ。
たとえば、花びらの形にも神聖幾何学の模様は現れている。
オウムガイの螺旋(らせん)は黄金比になっている。
野菜のロマネスコに現れているのはフラクタルな模様。

目の前にある植物や虫、動物たちは、
我々にさまざまな形でメッセージを
送ってくれているんだよ。
それは、神様がいたずら心で隠した
宇宙の法則のヒントみたいなもの。

もしかして、カメの甲羅には
宇宙のブループリントが隠されているのかもしれない。
地球の歴史を見てきた長寿の生き物カメは、
これからの地球の未来の予想図を
背中に背負っているのかもしれないね。
甲羅のデザインに隠された暗号という形で。

そして、現代人は、そんな自然界からの
ヒントやサインを受け取れなくなってきている。
忙しすぎて、それらを見過ごしているだけでなく、
人工的なものに囲まれて、大自然が送ってくれる
メッセージも読み取れなくなってきている。
本来なら人間だって自然の一部なのにね。

story 14
自然界のヒミツ

大自然の中には宇宙のヒミツがたくさん隠れている。
そんな自然界からのヒントを受け取る感覚を、
少しずつ取り戻していこう。
植物や花、虫や動物たちは、「気づいて！」と言って、
あらゆるカタチを私たちの目の前に
見せてくれているのだから。

そのためにも、まずは、もっと五感を開いてみよう。
自然と親しんでいこう。
高層ビルのオフィスから、自然の中に飛び出そう。
もっともっと、意識を拡大していこう。

今すぐここからHappyルール 14

自然界には宇宙の叡智がたくさん隠れている。
自然とつながって、植物・生き物が伝えてくれる
メッセージを受け取ろう。

story 15
イルカをめぐる政治的な動き

これは、ちょっとシリアスなお話。

イルカは、人類の意識の目覚めを手伝ってくれている
海の生き物。

でも、同じ人間なのに、
イルカと交流をするのを妨げようとする動きもあるんだよ。
アメリカ政府はイルカが人間と接触することで
イルカの繁殖率が低くなるとして、
ハワイでイルカと人が泳ぐことを禁止する条例を
制定しようとしはじめたんだ。

実は、こういう動きはかなり前からあって、
数年に一度、時々浮上してくるんだけれど、
特に直近の動きは今までで一番大きい動きで
我々も今回ばかりは、イルカと人が泳ぐ権利を改めて主張し
たりしていたんだよ。

story 15
イルカをめぐる政治的な動き

でも、長年ハワイでのイルカを見てきているけれど、
イルカの数は実際には増えているくらいなんだ。
だから、繁殖率が低下するというのは、
科学的な根拠もないし、
ただ政治的につけられた理由なんだと思う。

私が思うに、こういう動きの背景には
ダークフォースの力が働いているような気がするんだ。
要するに、人間が目覚めると
都合の悪い人たちがいるということだね。
人々が目覚めないことで、
ダークフォースは私たちをコントロールしやすいからね。

でも、よくよく考えてみると、
人間よりもうんと賢い（脳の大きさだけでも相当違う！）
イルカたちの方から我々に
近寄ってきてくれているんだよ。

もし、そんな賢いイルカたちが
もう人間とコミュニケーションを取る必要がないと思ったら、
あの広大な海へと泳いで消えていってしまう
と思うんだよね。

ということは、イルカだって
人間と一緒に遊びたいということ。
イルカたちは、人々を癒しハートを開き、
目覚めを手伝いたいんだ。
それが、イルカたちのミッションでもあるのだから。

実は、この一件はその後、
ミラクルな展開を迎えることになったんだよ。

それは、トランプが大統領になったら、
この話がすっかり消えてしまったということ。
要するに、トランプ大統領は
イルカのことなんてまったく興味がないから、
人間がイルカと泳ぐことを禁止することなんて、
どうでもいいんだね。
トランプ大統領は、
人間がイルカと泳ぐことを禁止しようと動いていた
国立海洋大気庁(NOAA)の予算を大幅にカットしたんだよ。

この件ばかりは、トランプ大統領に感謝だね。

story 15
イルカをめぐる政治的な動き

こうして再び、我らも安心して
イルカのツアーに臨めるようになった。

言ってみれば、この世界には人間を管理しようとする
ダークフォースがあっても、
さらにそういった力を阻止しようとする、
また別の高次元のパワーもきちんと働いているんだね。

つまり、人類の意識の進化を助けてくれているパワーが
きちんとどこかに存在しているということ。
それが、この"宇宙の摂理"
みたいなものなのかもしれないね。

そんな見えない高次のパワーに感謝しながら、
自分にできることを淡々とやっていこうと思う。
人とイルカのコミュニケーションのお手伝いを通して。

今すぐここからHappyルール 15

人類が進化できるように高次の力が働いている。
人の成長を見守ってくれるハイヤーパワーに
感謝しよう。

story 16

シンクロニシティが起きるとき
〜山川夫妻との出会いの物語〜

シンクロニシティが起きる宇宙の法則とは?

引き寄せや願望実現のルールで
必ず出てくる言葉、
「シンクロニシティ」。
共時性を意味する
シンクロニシティとは、
因果関係などもなく、
普通ではありえないような
偶然の一致が起きること。

よく、引き寄せのルールなどでは、
「宇宙の法則に乗ると、

story 16
シンクロニシティが起きるとき〜山川夫妻との出会いの物語〜

「シンクロニシティが起きる」
なんてよくいわれているよね。

では、「宇宙の法則に乗る」ということは、どういうことなの？

それは、「作意のない純粋さや、
心からの善意の気持ちがあるときに、
宇宙がシンクロニシティという
サインを送って、
応援や後押しをしてくれること」
だと思うんだよね。

私にとってのそんなシンクロニシティは、
あの山川紘矢・亜希子夫妻との出会いかもしれない。

ご存じのように、山川紘矢・亜希子夫妻とは、
あのシャーリー・マクレーンの
『アウト・オン・ア・リム』をはじめ、
スピリチュアル界における
名作の書籍の数々を日本語に訳してこられたご夫婦。
私が山川夫妻とのご縁を
結ぶことができたのは、
まさにシンクロニシティが導いてくれたもの。

ここでは、シンクロニシティの不思議な

"リレー"がつないでくれた
夫妻とのご縁をご紹介してみたい。

今は亡き長女アリヤが導いた再会

それは、約20年前のお話。
亡くなった長女、アリヤの一周忌を迎えたことで、
私たちの一家は、彼女のためのセレモニーを行うために、
彼女が亡くなった地、ハワイを訪れることにしたんだ。

ハワイに着いた日、明け方のすがすがしい時間に
ひとりで散歩をしていたら、
まだ人気もない通りに、ひとりの男性が
向こうから歩いてくるのが目に入ったんだ。
その男性が近づいてきたときに、思わずびっくり！
なんと彼は、アリヤを診てくれていた
ドクターのジョエルだったんだよ。

「あのときは、大変だったね……」
思いがけないなつかしい出会いに、
私たちはその場でしばし立ち話をすることに。
きっとアリヤがこの再会をセットアップしてくれたんだね。
すると、ジョエルが不思議なことを言いはじめた。

story 16
シンクロニシティが起きるとき〜山川夫妻との出会いの物語〜

「実は今、カリフォルニアから僕の彼女が来ているんだ。
彼女が"日本から自分がアメリカで出した本を
日本に紹介してくれるメッセンジャーが来る"
という夢を見たと言うんだけれど、
それって、もしかしてリチャードのことかな？
ちょっと後で彼女に会ってみてくれるかな？」
ジョエルの彼女とは、キャシー・リー・クロスビーという
当時アメリカでは名前の知られた女優さんだった。
いわゆる、セレブリティですね。

そこでその日、かつてお世話になった彼のためにも
キャシーに会うことになった。
すると彼女は、
「日本で私の本を出したいと思っているの。
この本の翻訳を日本でシャーリー・マクレーンの本を
翻訳した人に頼みたいんだけれども、
あなたからお願いしてもらえるかしら？」
と言って、強引にも原稿を手渡されてしまったんだよ。

そんな突然の唐突な依頼に、ちょっと困ってしまってね。
だって、どう考えても、不可能じゃない？

まず、私はその翻訳者が誰かはわからない
(僕は英語版を読んでいるわけなので)。
それに、たとえもし、その翻訳者の名前がわかったとしても、

どうやって本人にコンタクトを取ればいいのかも
わからないよね。
どうしようと思いつつも、二人の手前、
一応原稿だけは受け取って、
その日はその場を後にしたんだよ。

無理だと言われた山川夫妻とつながる

その後、ハワイで予定の日程を過ごして
日本へ戻ることになった。
すると、帰国してしばらくしたある日、
キャシーから電話がかかってきた。
「あの件はどうなったかしら。
翻訳者にはお願いしてもらえたかしら？」
しまった。まだ、何もしていない！
「忙しかったから、何もできていなくてすみません！」と
言い訳をしつつ、さすがに、
一応はできる限りのことをしてあげよう、と思った。

まず、自分が手掛けたワークショップの通訳さんたちに
電話をしてみたらシャーリーの本の翻訳者は
山川夫妻という有名な翻訳者であり、
電話をした通訳さんたちは
口々に「たぶん、無理」と言うんだよね。

story 16
シンクロニシティが起きるとき〜山川夫妻との出会いの物語〜

連絡をした通訳さんの誰もが
直接山川夫妻とは面識もないし、
当時の山川夫妻は、シャーリーの本のヒットを受けて
出版界では超引っ張りだこだったから
どう考えても普通なら無理だろう、というわけ。
確かに、そのとおりだよね。

最後に、もうひとりだけ電話をしてみよう。
そう思って電話をしたその通訳さんも、
まったく同じ返答だったよ。
ところが、しばらくして、
その通訳さんから電話があったんd。
「リチャード、聞いて！
私の友人が山川夫妻の隣に住んでいるんだって！」

彼女は、私との電話を終えた後、
郵便受けをチェックしに行ったそうなんだ。
そこには、もう何年も会っていない
大学時代の古い友人からの手紙が一通入っていた。
そこで彼女は、その友人に電話をかけて
ひとしきり懐かしい話をした後、
ふと、ダメもとで山川夫妻のことを聞いてみたらしい。
すると、その友人が
「あら、山川夫妻ならうちの隣に住んでいるわよ」
と教えてくれたというわけ。

ミッション・コンプリート！

なんという偶然。

こうしてその日の夜、絶対無理だと言われていた
山川さんと電話で話をしていたんだ。
また後日、山川さんの所で行うヨガのセッションに
ゲストで参加することになり、
無事に原稿も手渡せることになったんだよ。
山川さんからは、「シャーリーの友達は、
僕の友達みたいなものだからね！」
という温かい言葉をいただいた。
こうして、ミッションは完了！

早速アメリカのキャシーに電話をした。
彼女はとても喜んで、コーディネーションフィーを
払ってくれようとしたので断ったんだ。
さすがに、お金をいただくことなんて
考えていなかったからね。

それからしばらく経ったころ、
山川さんからの電話でキャシーとL.A.で本の打ち合わせを
することになったことを知ったんだ。
ついに、プロジェクトが稼働したんだね。

story 16
シンクロニシティが起きるとき〜山川夫妻との出会いの物語〜

そして、山川さんからその日程を聞いたら、
なんとその日は、私も1泊だけL.A.に滞在することに
なっていた日だったんだよ。
そのとき、セドナツアーを主催することになっていて、
通常ならアリゾナに直接行くのに、その回だけ、
なぜか自分だけが
L.A.に立ち寄る予定が組まれていたんだよ。

これには山川さんもびっくり。
キャシーに連絡すると、
彼女も皆で会えることを喜んでくれた。

L.A.ではキャシーがビバリーヒルズの
セレブな豪邸に招待してくれた。
少し時間があったので、
ふと、L.A.在住でアメリカ人の男性と結婚している
昔の彼女に電話をしてみようと思った。
電話で本人とつながり、L.A.に来た理由などを話していると、
「え！？　キャシー・リー・クロスビーは、
ウチの旦那の大学時代の友人なのよ！」という。
そこで、急遽、彼女たち夫妻も一緒に会うことになったんだ。
その日は不思議な縁で集まった一同の食事会となった。

この朝の散歩からはじまった一連の出来事は、
こんな感じで不思議なシンクロニシティに

トントン拍子で導かれていった。

最終的に、キャシーの本がきちんと日本で
出版されたのかどうかは、定かではない。
でも、この出来事をきっかけに、
私は山川夫妻とのご縁をいただくことになった。

シンクロニシティは起こそうと思って
起きるものではないよね。
でも、そこに企みや意図がなく純粋な気持ちがあること、
そして、それが自分のためではなく
他の人のためになることなら、
シンクロニシティは起きやすいのだと思う。

シンクロニシティは突然、
想定外の展開をもたらしてくれたりする。
だから、もしシンクロニシティの波に乗ったな、と思ったら
ワクワクしながら新しい扉をどんどん開けていこう！

今すぐここからHappyルール

シンクロニシティは宇宙からの応援のサイン。
ピュアで企みがないときに
シンクロニシティは起きやすい。

story ⑰
ハワイは
あなたを試す!?

「ハワイに住みたい！」

そこにいるだけで癒されて、リフレッシュできる場所。
そこにいるだけで、元気になれるワクワクする場所。
ハワイは、訪れるほどにその魅力にハマって
誰もが住みたいと憧れる場所でもあるんだよ。

でも、旅行者として訪れるのとそこに住むとなるのとでは
そこには大きな違いがあったりする。

これまでも実際に、そんなハワイに憧れて
移住をしようとしてきた人たちが、
1年足らずで帰っていってしまう光景を
たくさん見てきたよ。

事実、多くの人は最初の1年くらいでギブアップしてしまう。
不思議なことに、ハワイに住もうと思ってきた人たちは皆、

最初の1年の間に、多くの苦労に直面することになるんだよ。
それは、経済的な問題だったり、文化的な問題だったり、
人間関係だったり、子どもの教育問題だったり……etc.。

そう、ハワイの「アイナ（ハワイ語で大地・土地）」が
その人をいろいろな試練の数々で試そうとすることがある。
でもそれは、その人がハワイのエネルギーに
きちんとつながることができる人かどうかをテストする
儀式みたいなもの。

そして、そのテストに落ちた人は、
「やっぱりハワイは、旅行で来るのが一番だよね」とか
「こっちの物価は高いね」とか
「子育てを考えるとやっぱり日本が一番」とか、
さまざまな理由をつけて元いた場所へと戻っていく。

でも、最初の1年のお試し期間をパスできれば、
そこからは、どんなチャレンジも乗り越えられるし、
他の場所では得られない
新しい体験もたくさん待っているんだよ。

実際に、まさに自分がそうだったんだ。
ハワイに来て最初の1年はこれでもか、
というほどたくさんの困難が降りかかってきた。
「日本の方がラクだったな。

story 17
ハワイはあなたを試す！？

どうしてこっちに来たんだろう……」
なんて後悔をしたことも何度もあったからね。

でも、数々の困難を乗り越えた今では、
ハワイは第二の故郷みたいなものだし、
ハワイという場所は、
今ではベスト・フレンドになってくれた。

知り合った友達と親友になるまでに
ある程度時間がかかるように、
自分の住む場所もお互いの信頼を試す期間が
必要なのかもしれないね。

考えてみれば、もともとハワイはハワイの
ネイティブの人たちが住んでいた彼らの場所。
そんな土地に、敬意の気持ちを抱いて住むことも大切だよね。

でも、これはハワイだけではなくて
他の土地でもそうだし、
他のすべての問題だってそうじゃないかな。
新しい体験には、常に多くの困難が
最初の段階でやってくるもの。
でも、そこを乗り越えれば、
見たこともないすばらしい景色が待っている。

もし、あなたがハワイに住みたいと思っている人なら、
最初のちょっとハードなお試し期間を
ぜひ楽しみながら乗り切ってほしい。
そうすれば、あっという間に
お試し期間が終わっているはずだよ。

今すぐここからHappyルール

新しいことに挑戦するときには、
最初に困難に直面する。
でも、そこを乗り切れば、
すばらしい未来も待っている。

story 18
個性はそのままで

自分のことを振り返ると、
ついついこんな思考になったりしない？
「あの人みたいに、もっと積極的にならなくちゃ！」
「あの人みたいに、もっと〇〇ができるようになりたいのに」
「あの人みたいに……」

そう、いつも私たちは他の人と自分を比べてしまう。
でも、あなたはあなたのままが素敵なんだよ。

たとえば、「もっと積極的になるべきだ」と
考えているあなたは、
実は、いつも一歩引いていることで、
全体像を見渡すことができる人なのかもしれない。
だから、逆に積極的な人に頼られたり、
リーダーにアドバイスをする優秀な参謀タイプに
なれるかもしれないよね。

また、「あの人みたいに、もっと〇〇ができなくちゃ」と
思っているあなたには、

その"あの人"の方が、あなたができるあることを
逆にうらやましく思っているかもしれない。
誰にもその人だけの個性があり、才能がある。
だから、あなたはそのままでいいんだよ。

それは、子どもの教育でも同じこと。
小さく芽生えようとしている個性を摘み取らずに、
そのまま育てることはとても大切。

たとえば、うちの長男が文字を習いたての小さいころ、
「S」の文字を「2」と反対に
書いていたんだよ。
でも、担当の先生はそれを直さなかった。
だから、長男はしばらく「2」と書き続けていた。
でも、1年経ったある日、
きちんとした「S」という文字になったんだよ。

つまり、長男にとって正しい「S」を書くには
1年間が必要だったということ。
子どもだって、自分に準備ができれば
正しいことを自然に学んでいくんだよね。

それを「それ、間違いでしょ！」とか
「ダメでしょ！」とやってしまうと、
のびのび育とうとしていた才能も
影に隠れてしまうこともある。
たとえば、長男が「2」と書いたのは、
ひとつのクリエイティビティ。
それを摘み取らずに育ててくれた先生には感謝しているよ。
おかげさまで長男は、とても創造性が豊かな子に育ったんだ。

どんな大人も、もしかして子どものころに
親や先生など周囲から注意を受けることで、
大切なものを自分の内側に
閉じ込めてしまったかもしれない。
でも、今からでもそれを目覚めさせることは可能だよ。

だからもし、あなたがついつい「あの人みたいに……」と
考えてしまうなら、そのクセはやめよう。
あの人はあの人で、あなたはあなた。
あなたは、オンリーワンの存在なのだから。

実は、あなたが欠点だと思っている部分は
あなたの長所であり、
あなたのコンプレックスは、
他の人のあこがれかもしれないのだから。

そういう意味では、「自分の長所がわからない」という人は、
まずは、自分の直したいところや、
コンプレックスになっている部分を
見つめてみるのもいいかもしれないね。

それがあなたの才能の開花につながる
ヒントになるはずだよ。

今すぐここからHappyルール 18

あなたはありのままでオンリーワンの存在。
他の人と比べないで、
あなたの個性を伸ばしていこう。

story
人の痛みを感じる

いつの時代になっても、常に世界中で議論を呼んでいる
「ヘイト」の問題。
いや、それこそこの問題は近年、
世界中でさらにエスカレートしているのではないかな。

「ヘイトはよくないこと」

そんなことは、きっと誰もが皆、知っているはず。
私も普通にそう思っていたんだよね。

自分にそれが降りかかるまでは……。

ヘイトの中でも、人種差別問題は常に
世界中で起きている問題だね。
たとえば、"人種のるつぼ"を意味する
メルティング・ポットのアメリカ。
アメリカは、ずっとこの問題を抱えてきた国。

アメリカには、同じアメリカ人でも

アフリカン・アメリカン系の人、
メキシコなど南米からのラテン系の人、アジア系の人、
ユダヤ系の人からネイティブ・アメリカンまで。
多種多様な民族や人種であふれかえっている。

そんな中、いわゆる日本人にとって
"白人"と呼ばれるアングロ・サクソン系の人種は、
「自分は皆を差別してはダメだ」という
認識を持つ側であることはあっても、
自分が差別の対象になることは、
ほとんど考えたこともないんじゃないかな。

実は、自分もそのひとりだったんだよね。

ところが、ハワイに初めてやってきたころ、
ハワイにいるネイティブの人たちの中には、
いわゆる白人を快く思っていない人がいることに
気づいたんだ。
そう、ハワイの中では
白人は意外とマイノリティ（少数派）だったりするんだよ。
私は、生まれて初めて
自分が差別や偏見の対象になったことで、
改めてヘイトを受ける人の気持ちに気づいたんだ。

「差別はよくない」
口ではいくらそんなことを言っていても、
実際に身をもって体験してみないとわからないこともある。

でも、基本的に私自身は人にどう思われようが
まったくどうでもいいんだ。
なぜって、自分のことを愛しているから、
たとえ、他の人からヘイトを受けたとしても
傷つくことはないし、そんなことは、
自分自身には何の影響も及ぼさない。

もちろん今では、そんなネイティブの人たちとも
コミュニケーションを図ることで、
仲良くなることもできたよ。

それでも、まだ自分自身が確立していない子どもや若い世代、
そして、大人でも繊細な心を持った人たちで
ヘイトを受けて傷つく人たちはたくさんいる。
その痛みは本人たちでないとわからないよね。

もちろん、これは、ヘイトだけの問題ではないと思う。
自分が何か発言をしたり、行動したりするときに、
これを言ったら相手はどう思うか、

こんなことをしたら、相手はどう思うか、
ということを考えるのはとても大切。

人種を超えて、国や民族を超えて、文化を超えて、
「We are One」の精神でいたい。
だからこそ、常に相手の立場にたって発言し、行動する。

これは、とても普通のことだけれど、
子どものころから何度も教えられてきたことだけれど、
それでも、改めて大人になっても
心に留めておいてほしいことのひとつです。

今すぐここからHappyルール ⑲

何か発言をしたり、行動したりする際には、
相手の立場にたつこと。
人の痛みがわかる人間になろう。

story 20
定められた命を生きる
～ドクター・フリッツ物語～

心霊治療師ドクター・フリッツという存在

あなたは、ドクター・フリッツという存在を憶えていますか？

もし、その名前を聞いて「懐かしい！」とか
「聞いたことがある」と思える人なら、
あなたは、1990年代半ばあたりから2000年前後にかけて
すでにスピリチュアルな話題に
親しんでいた人かもしれないね。

そう、ドクター・フリッツとは
"奇跡の心霊治療師"と呼ばれていた人。
彼は、第一次世界大戦中に死亡したドイツ人の
従軍医師のアドルフ・フリッツ博士。
正確に言えば、亡くなった彼のスピリットを
チャネルしていたブラジル人、ルーベンス・ファリア、

通称ルーベンと呼ばれる人のことです。

平凡なコンピュータ技師であり、
まったく医学知識もないルーベンは、
ドクター・フリッツをチャネルする5代目の人物として、
1983年から毎日約千人もの病気の人を
治療してきたんだよ。
ドクター・フリッツが治療をした患者は、
2000年当時にはすでに
100万人を超えたともいわれていたほど。

日本でも90年代の後半あたりには、
ドクター・フリッツのことは少なからず
メディアにも紹介されたりして、
彼の心霊治療なるものの真偽が
話題になったりしていたんだよね。

特に日本では、ブラジルまで行って
治療を受けた人がほとんどいなかったために、
よけいに彼の治療がインチキなのか、本物なのか、
ということが取りざたされていたように思う。
今となっては、ドクター・フリッツは
すでにこの世界で自分の役目を終えたのか、
彼の噂を聞くことはもうない。

story 20 定められた命を生きる〜ドクター・フリッツ物語〜

でももし、彼の治療が本物だったのか、
ニセモノだったのかと聞かれるのならば、断言する。

それは、「彼はまぎれもなく本物だった」ということ。

なぜなら、私もドクター・フリッツの治療を受けた
ひとりだったから。
私は、彼に命を救われたひとりでもあるんだ。

今でも首には、ドクター・フリッツに手術をしてもらった
跡が残っている。
その傷にさわるたびに、
ドクター・フリッツとルーベンのことを思い出すんだよね。
そして今、元気に生きていられることへの感謝と
自分に定められた命を生きる、
という覚悟を感じて身が引き締まる思いだよ。

ドクター・フリッツから治療を受けてからすでに
20年以上が経った今だからこそ、
そのときの体験談を初めてここに公開したい。

まずは、ドクター・フリッツに会いに行くことになった
いきさつからお話ししていくね。

自転車のアクシデントから不調がはじまる

それは、30代の半ばくらいに自宅で
英会話教室を開いていたころのこと。
ある日、生徒さんで仲の良かった高校生の男の子と
近所の道を自転車で競争することになったんだ。
ついつい男同士の勝負になってしまい、
二人とも負けん気で自転車を飛ばしていた。
すると私は、あろうことか、
通りを飛び出してきた車と
思わずぶつかってしまったんだよ。
その瞬間、自転車から放り出されて
地面に叩きつけられてしまった。

あっという間の思わぬアクシデント。
でも、そこまで大きな事故でもなかったので、
その場でなんとか立ち上がったんだよね。
車を運転していた人や一緒にレースをしていた男の子も
心配して駆け寄ってきた。
でも、私は「大丈夫、大丈夫だよ！」と答えて
そのまま家に戻ったんd。
そう、そのときは実際にまったく身体に異常は感じなかった。

ところが、その日からしばらくすると
徐々に身体のあちこちに異常が起きはじめた。
特にひどかったのはお尻の痛みで、
トイレに行くたびに激痛が走るようになった。
痛い場所が場所だったので病院にも行きづらく、
なんとか自分で治そうとしたりしてね。
でも、自然療法や代替療法で直そうとしても
なかなか治らない。
トイレで苦しみたくないので
食事も喉を通らなくなってしまい、
1年で体重が90キロから70キロにまで
落ちてしまったんだよ。

そんな変わり果てた私の姿を見て、
これまで病院行きを拒んできたけれど
ついに家族や周囲のすすめで病院へ行くことに。
すると、すぐに手術をすすめられることになった。

そして、手術の結果、痛みは取れて症状も
すっかりよくなったんだ。
このとき、もっと早く病院に行くべきだったと思ったね。
自然療法だけに頼らず、
西洋医学も必要に応じてきちんと取り入れることが
大切だということがよくわかったよ。

「よかった！」

これで一件落着と思ったら、
実は、本番はここからだったんだよ。
まるで、これまでの不調が、
これからやってくる新しい苦難に耐えられるかどうかを
試すものだったかのようにも感じられた。

首の痛みに苦しむ日々

それは、ある日突然起きたんだ。
ある日、うちの子どもたちと
幼稚園にある遊具で遊んでいたら、
ふとした瞬間に首をひねってしまい、
そこから新たな苦しみがはじまったんだ。

首の頸椎（けいつい）を痛めたのか、痛みは日に日にひどくなり、
ついには、首をまったく動かせないまでになってしまった。
これも、元はと言えば、
あのアクシデントが原因になっていたんだと思う。

その痛みは、もう言葉にならないほど。
たとえば、子どもたちが遊ぼうと抱きついてくるだけで、

その刺激で激痛が走る。
だから、子どもたちも、もう近づいて
これなくなってしまった。
病院で痛み止めの注射を打ち、
首を引っ張るリハビリをしても痛みは治まらない。

首を固定していても、
少しでも動くと激痛が走るので、
毎日、自分の部屋にこもって祈るしかなかったんだよね。
けれども、症状はひどくなるばかりで、あまりの苦痛に、
もう死ぬことさえ考えるほどだったんだよ。

病院での精密検査の結果、
先生からは、手術で5割の確率で成功して
元の状態に戻るけれど、
5割の確率で首から下が麻痺してしまうことになる、
と伝えられた。
もし失敗したら、この先、
身体はもう動かなくなってしまうことになる。
「さあ、どうしよう……」

でも、「家族のために生きなくては」と意を決して
手術を受けることに。

ところが、ちょうどそのころ、
ちょくちょく耳に入ってきていたのが
ドクター・フリッツの情報だったんだ。
たとえば、知人がふとドクター・フリッツの話をしたり、
生徒さんが授業に持ってきたのが彼の本だったりして
ドクター・フリッツの名前が何度か登場していたんだよね。

実は偶然にも、
事故の前の日に何気なく見ていたビデオが
友人から借りた彼のビデオだった。
その日の夜、寝ていたら急に足の親指を誰かに
引っ張られた気がして目が覚めたんだ。
もちろん、あたりには誰もいない。
深夜に目が覚めてしまったので、
ビデオを見ようかと適当に選んだのが
なんとドクター・フリッツのビデオだったんだよ。

手術は数日後なのに、頭の中でドクター・フリッツのことが
むくむくと大きくなりはじめた。

そして、手術のための入院を2日後に控えたある日、
突然、ドクター・フリッツに会いに行くことを決めたんだ。
これは、あまりにも突拍子もない決断だよね。
彼に会えるかどうかもわからないのに。

story 20
定められた命を生きる〜ドクター・フリッツ物語〜

実は、病院の先生から
「手術の成功率が５割」と聞いてから、心の中では、
手術をすることは正しい決断ではないという思いが
湧き上がってきていたんだよね。
でも、じゃあドクター・フリッツに会いに行く？
その選択だって、正気の沙汰ではないよね。
普通ならありえない決断だけれど、
とにかく、このときはもう藁をもつかむ思いだった。

ブラジル行きのビザがその日に下りる

とはいえ、
今よりまだまだネットも普及してなくて、
情報も手に入りづらい時代。
ドクター・フリッツの所にどう行けばいいかもわからない。

彼はリオデジャネイロやサンパウロで
人々の治療をしていたらしいので、
NY経由のサンパウロまでのチケットを
早速予約することにした。
とりあえず、一か八か、
サンパウロまでのチケットを買ってみたんだ。

ところが、チケットを取った直後に
偶然友人からの電話で話していると、
ブラジル行きにはビザがいることを教えられたんだよ。
「どうしよう！　ビザがいるなんて、知らなかった！」
あわててブラジル大使館へ駆け込んだ。
でも、ビザの取得は、通常なら申し込みから
約２週間かかると言われてしまう。
「もう、明日のチケットを取ったんです。
ドクター・フリッツに治療をしてもらうんです！」
と、必死で訴えた。
でも、大使館の窓口でそんなことを訴えても
普通なら却下されるよね。
それがこういうお役所的な場所の決まり事なんだから。
例外は許されるはずもないよね。

ところが、そのとき、
大使館の奥にいた偉い人と目があったんだ。
すると、彼は驚くことに
ビザを発行する担当者に向かってこう言ってくれた。
「ドクター・フリッツに会いに行く必要があるのなら、
この人にすぐビザを発行してあげなさい！」
普通なら決してありえないことが、
まず、ここで起こったんだよ。
ミラクルはここから起こりはじめたのかもしれない。

苦しみのフライト

こうして、めでたく NY 行きの機上の人となった。
でも、急遽(きゅうきょ)取れたエコノミーの席で
大きな身体を小さくして痛みに苦しみ続けていた。

実は、ドクター・フリッツにせっかく診てもらうのなら、
身体も自然の状態の方がいいかと思って、
痛み止めやその他の薬を全部
成田空港のゴミ箱に捨ててきたんだよ。
それは、大きな間違いだったみたい。
十数時間のフライトが
拷問のような地獄の旅になってしまったよ。
気圧の問題や、飛行機が揺れるだけで
声が出るほど身体に痛みが走る。
「ドクター・フリッツに実際に会えるかどうかも
わからないのに、一体何をやっているんだろう……！」
自分が何をしているのかわからなくて情けなかった。

それにしても、ブラジルまでの道のりは遠い。
NY の空港でトランジットの時間にも、
空港内にある教会でひたすら横になっていた。
胸の上に聖書を置いて、ただ祈りを捧げ続けていたよ。

続いて、サンパウロ行きの飛行機では、
ついにCA（客室乗務員）の人が心配して
私を横にしてブランケットをかけてくれた。
でも、サンパウロ行きの乗客は
ほとんどブラジル人だったから、
皆、ドクター・フリッツのことをよく知っていた。
「うちの親戚もドクター・フリッツに
治してもらったんだよ！」
「私の母親もドクター・フリッツに診てもらったよ！」
と口々に元気づけてくれた。

「きっとドクター・フリッツに会える！」
皆からの励ましをうけながら、
「少しは、希望が見えてきたかも……」と思っていたよ。

エンジェルと目が合う⁉

飛行機が着くと、体調が悪いので
一番に飛行機から出してもらった。
さて、ここからどこへどう行くべきか。

まず、空港を出て最初に目が合ったのが、
白いローブを着て白い帽子を被っているタクシーの男性。

story 20 定められた命を生きる〜ドクター・フリッツ物語〜

その姿は、まるでエンジェルのようにも見えたんだよね。
「この人について行こう！」
英語も通じない場所で、ただ彼に一言、
「ドクター・フリッツ！」とだけ告げた。

車はその一言で走りはじめた。
でも、きちんとドクター・フリッツの元に
着くかどうかなんてわからないのが、
ブラジルという国。
走りはじめて1時間以上経つと、
だんだんと周囲の景色は田舎の寂しい道になってきた。
そして、2時間くらい走ったころ、
あたりは貧しいバラック状態の危険な地帯を通っていた。

「ドクター・フリッツに会うどころか、
もしかして、人生がここで終わってしまうかも……」
だんだんと不安になってきたんだよね。

ようやく、車が止まった。
そこにはニューススタンドがあった。
その売店に並ぶ新聞にはドクター・フリッツの顔写真がある。
「ああ、この場所で大丈夫そうだ！」
ようやく、初めてここでほっとした。

でも、車を降りていろいろと状況がわかりはじめると、
再び絶望感が押し寄せてきたんだよね。
その古びた倉庫のような建物には、
千人あまりの人たちが集まっている。
そう、ここにいるすべての人たちは、この日、
ドクター・フリッツに診てもらいたい人たち。

「こんなに人がいる中で、診てもらえるのだろうか？」
焦りと気が遠くなる思いで、
見かけもボロボロな建物に近づいていった。

地球の裏側から来ました！

ここはブラジル。
ポルトガル語なんて話せない。

とにかく、まずは入り口の寄付をする窓口で
手にしていたわずかなお金を払い、
待合室のような場所で待つことにした。
すると、その場で働くスタッフの看護師さんがやってきて、
集まった人たちの症状などをチェックしている。
どうやら、患者の緊急状態のようなものを
振り分けていたようだね。

そこで、英語でなんとか自分の状況を伝えつつ
「今日、一番に治療してほしいんです。
地球の反対側から来たんです！」と言い続けた。
すると、今度は別の部屋に通されることになった。

そこでは、アシスタントのドクターが
人々の状況を確認していた。
「今日、治療してほしいんです。
地球の反対側から来たんです！」と
とにかく会う人、会う人に伝えていると、
どうやら、手術が必要な人物だと判断されたようだった。
ついに、やっとドクター・フリッツの近くにまで
来ることができたんだよね。

基本的に、ドクター・フリッツは
千人近くの人を1日でさばくために、
ほとんどの患者を瞬時で診ていく。
だから、1人の患者に手術で10分前後の時間をかけるのは
その日、選ばれた十数人しかいないことになる。
そして、幸運にも、なんとその中に入ることができたんだよ。

その日、手術を受けるべき人が集まった場所には、
ストレッチャーに乗った事故に遭ったらしい
重傷の人も運ばれてきた。
会う人会う人に、「一番に診てください！」と叫び続けて

ここまできたけれども、
さすがにこの人の方が先に診てもらった方がいいだろうな、
と思っていたりした。

痛みを感じない
ドクター・フリッツの手術

その場は、野戦病院さながらの状況だったよ。

患者もスタッフたちもルーベンの登場を待っていた。
すると、それまでざわついていた場所が、突然静かになった。
ドクター・フリッツをチャネルする
ルーベンがやってきたんだ。

そして、ルーベンが祭壇に近づいていく。
ふと祭壇を見ると、
祭壇の前にはキリストの絵が飾られている。
実は、その絵とまったく同じものを
自分もお守り代わりに持ってきていたことに気づいたんだ。
それは、「早く良くなりますように」という
メッセージと共に誰かが送ってきてくれたもので、
出発前に郵便受けに届いていた封書に入っていた絵と
同じだったんだよね。

彼は、慣れたように祭壇の前で瞑想に入る。
すると、ある瞬間にそれまでとは"別の人"になった。
「あ、神が降りてきた」とわかった。
そう、ルーベンはドクター・フリッツになったんだ！

そしてこの日、ラッキーなことに
最初に診察をしてもらえたのは、なんとこの私だった。
ドクター・フリッツは、
何も説明していないのに状況をすぐに判断したみたいで、
さっそく横にさせられると、
麻酔もしない状態で首にナイフが当てられる。

首には、まだネックレスもついたまま。
何かされているようだけれど、
不思議なことに痛みなどは感じない。
ドクター・フリッツは患者の脳波と自分の脳波を同調させて、
シータ波にすると言われていた。
そうすることで、患者の脳内には、
エンドルフィンやドーパミンといった神経伝達物質が
誘発されることで、痛みは感じないとのことらしい。
実際に、痛みなどはまったく感じることはなかったよ。

どうやらその日、ドクター・フリッツは
この手術に新しい器具を使うようだった。
それは市長さんから贈られたものだそうで、
周囲の人に
「これ、スイッチはどこなの？」などと聞いている。
「今日初めて使う器具だって!?　大丈夫かな……」と
不安になってくる。
でも、心配は無用だったよ。

そのうち、「ウィーン〜！！」という音ともに
あたりに血しぶきが飛びはじめた。
意識もきちんとあるので、マシーンの振動や音を感じるし、
壁には自分の血が飛んでいるのもわかったよ。
骨が削られる匂いというのも初めて味わった。
それでも痛みはまったくない。

不思議……。

横になっている自分の周囲には
多くの人たちの気配を感じていた。
実際に、ドクター・フリッツが治療を行う際には、
医療の知識を持ったたくさんの"存在たち"がそばにいて
ドクター・フリッツを助けているといわれていた。
たとえば、私の手術をしたときには、
リカルドという外科の医師がついていたそう。
リカルドは器具を使って、
派手な手術をするのが好きなワイルドな外科医らしい。

手術がはじまった10分くらい経ったころかな。
ドクター・フリッツ、
いや、ルーベンは一言だけこう言った。

「神の手が私に触れました」
こうして、手術は終わったんだ。

ミラクルに感謝して命を生きる

それから、ドクター・フリッツはすぐに
別の人の治療をはじめたので
手術の跡の傷は、看護師さんが縫ってくれることになる。

驚いたことに、そのときになって初めて、
首に傷の痛みが襲ってきたんだよね。
なんだか、やっとこの3次元の世界に戻ったようだった。
そして、横になっているときに感じた、
大勢の存在たちの気配ももうそこにはない。

その後、その場でお世話をしてくれた
スタッフと話をしていた。
すると、この日、泊まるところさえなかった私に、
ドクター・フリッツのアシスタントをする
パトリシアが自宅に泊めてくれることになったんだ。
パトリシアはドクター・フリッツから
3つあった腫瘍を取り除いてもらい、
人生が変わったことで、残りの人生をドクター・フリッツに
捧げるためにアシスタントをしていた人。

この日から3週間、
パトリシアのところにお世話になることに。
首の傷の方は、傷が癒されたらすっかりと元通りになり、
これまでのあの拷問のような苦しみから
解放されることになった。
まさに、ミラクルが起こったんだよ。

そこから3週間、治療する会場に付いて行っては
毎日ルーベンとドクター・フリッツと会い、

彼からいろいろなことを教えてもらう幸運にあずかった。
私は実際に手術を体験した者として、
世の中の人々に向けて
ドクター・フリッツのことを伝えられればと思っていたんだ。

その後、ルーベンとドクター・フリッツとは
この出会いをきっかけに、ルーベンをハワイに招待して、
ハワイでも患者さんの治療を行うイベントを
何度か開催することにもなった。

この一連の出来事は、
今思い出してもちょっと信じられない話だったりする。
火事場の馬鹿力、という言葉があるけれど、
人間はいざとなれば、なんだってやってしまうものなんだね。

あのときの自分は、
とても普通の状態ではなかったけれども、
でも、そんな状況だったからこそ、
あんなことができたのだと思う。
それは、ただ勢いと直感に従っただけ。
それでも、やっぱり
何かに導かれていたのかもしれないとも思う。

ドクター・フリッツは、どんなに重症な人でも、
場合によっては治療ができない人、

治療をしない人もいたんだよ。
それは、その人のカルマだから
それに向き合わないといけないということらしい。

つまり、そういう意味では
治療を受けられた自分は幸運だったし、
私は、自分に定められた命を
きちんと生きなければならないということ。

今でも首には、まだしっかりとあのときの
手術の傷跡が残っている。
それは、ドクター・フリッツからの
「しっかり、生きるんだよ！」という激励の印。
彼の思いをきちんと受け止めて、
この世界での自分の役割を果たしていきたい。

定められた命の中で。

今すぐここからHappyルール❷⓪

どんな人にも、定められた命がある。
その命を輝かせながら、
自分の役割をこの世界で果たしていこう。

Richard's Column 1
ドクター・フリッツその後

今から20年以上前に、世界中のメディアで
センセーショナルな話題を振りまいていたドクター・フリッツ。
当時、注目を集めていた「心霊治療」は
今ではあまり取り上げられなくなった。
これは、やはり正式な医療行為ではないことで、
メディアがあえて注目しなくなったというのもあるだろうね。
でも、今の時代には、
このような形で見えない世界のことを表現することは、
もう必要なくなったのかもしれない、とも思っている。

さて、ドクター・フリッツをご存じだった人なら
知っていると思うけれど、
ドクター・フリッツをチャネルしていたルーベンは
2000年のある日に死を遂げるといわれてきたんだ。
これは、ドクター・フリッツが
自ら予言したことでもあったんだよね。

ルーベンは、ドクター・フリッツをチャネルした
5代目にあたる人物だったけれども
実際に、それまでドクター・フリッツのスピリットに
身体を貸した4人の人々は、死期を予告された後、
交通事故や殺人事件などによって
予言通り非業の死を遂げていたんだ。

ドクター・フリッツによれば、
自身の使命は2000年で終わることになり、
彼を助けていたスピリットグループと共に
別次元でワークをはじめることになっていると語っていた。
そのときに、ルーベンの肉体を地球に置くことはできない、
ということだったらしい。

ルーベンはこれまでの過去の4人のチャネラーたちが
実際に予言通りに死を遂げたことを知っていたし、
複雑な思いを抱きながらも、
自分の死については覚悟を決めていたんだよね。
それでも、彼は生き延びることになった。

どうして、彼は生き延びることができたんだろう？
このことが、2000年のXデーを過ぎたころに話題になっていた。

当時、世界の各地で、そして日本でも
ルーベンが生き延びられるように
「祈りの会」のようなイベントもたくさん行われていたから、
人々の祈りのパワーが彼の命をつなぐことを
可能にしたのかもしれないね。

実はこの私も、ルーベンが命をつなぐことが
できたことに寄与できたと信じているんだ。
それは、ドクター・フリッツからのアドバイスで
「ルーベンをハワイに連れていきなさい！」と
言われたことを実行したから。
予言されたルーベンの運命を変えるには、

「大きな愛のエネルギー」が必要だった。
それが、地球上でも最もパワフルな
エネルギー・スポットのひとつである、
ハワイの「マナ（ハワイ語で『生命の力』『超自然的な力』）」の
チカラを借りることだったんだよ。

ルーベンの前妻はマフィアの家庭に育った人で、
彼が離婚したことで前妻のファミリーから
命を狙われていてもおかしくない状況だった。
そんなルーベンが生き延びるためには、
ブラジルから外へ出るしかないともいわれていた。

そこで、ドクター・フリッツの言葉どおり、
ルーベンをハワイに招待してしばらくの間、
ハワイに滞在してもらうことにしたんだよ。
イベントを開催しながら、
ルーベンも数か月はハワイに滞在していたと思う。
このときに、ルーベンはもしかして
彼の運命を書き換えられたのかもしれないね。

もちろん、そんなことを証明する確証はないけれど、
密かに私はそう信じているんだよ。

その後、ルーベンがハワイを離れてからは、
この二人の噂（実際には一人とスピリットだけれどね）は、
もう聞くことはなくなった。
噂によると、ルーベンはドクター・フリッツの故郷である
ドイツに行ったともいわれているね。

今、彼がどこで何をしているかはわからないし、
この地上にいるかどうかもわからない。
それでも、あのドクター・フリッツとルーベンとの出会いは
その後の私の人生にとても大きな影響を与えてくれた。

そういえば、私とドクター・フリッツは、
手術中にこんな会話を交わしていたんだ
(手術中でも会話は普通にできる状態だったんだよ)。
「I love you!」
すると、ドクター・フリッツも
手術中の手を一瞬止めたかと思うと、
こう一言返してくれたんだよ。
「I love you, too. Brother!」
そのとき、彼との強い絆みたいなものを感じたんだよね。

今、ドクター・フリッツは、
別の次元で同じことを行っているのかもしれない。

そんなドクター・フリッツに、
今ここでもう一度伝えたい。
「I love you!」

<資料『ドクター・フリッツ 奇跡の生還』パンタ笛吹著 VOICE 刊>

story 21
スピリチュアルと
ビジネスと豊かさと

「精神世界の考え方は好きだけれど、
いつもお金に苦労している」
「スピリチュアルな生き方を目指すなら、
お金持ちになってはいけない」

「ビジネスで成功するためには、
冷酷な人間になる必要もある」
「ビジネスの世界に、見えない世界は邪道だ」

こんなふうに、ビジネスとスピリチュアルの世界は
水と油のように混ざり合うことなどできない、
と思っている人は意外に多いかもしれないね。

要するに、スピリチュアルな精神を重視しようとすると、
現実の世界での経済活動がおろそかになる。
または、ビジネスにおける成功を追求しようとすると、
スピリチュアルな精神は邪魔になるだけ。

それは、我々の心の奥のどこかに、
「高い精神性を追求したいのなら、
物理的な豊かさは許されない」、という考え方が
無意識レベルで根付いているからかもしれないね。

でも、見えないものに畏敬の念を感じながら、
愛と感謝のスピリットを持ち、
ビジネスの世界でも大きな豊かさを得ることは
可能なんだよ。
そのために必要な条件は、たったひとつだけ。

story 21
スピリチュアルとビジネスと豊かさと

それは、あなたがそれを心から本当に望んでいるかどうか、
ということ。

そして、あなたは、そんな生き方を
選択すればいいだけなんだよ。
「いや、そうしているつもりなんだけれども、
上手くいっていないんだよね」という人は、
自分が豊かになることに後ろめたさや罪悪感を
覚えていないかどうか、
もう一度、振り返ってみてほしい。

自分にとって豊かさは、
人生においてとても大事な要素のひとつ。
なぜって、豊かになることで、自分だけではなく、
家族やスタッフたち皆が幸せになれるのだから。
そして、大きな視点では、ビジネスや事業における
豊かさは税金などになって社会にも豊かさを還元していく。
だから、豊かになることはとてもすばらしいし、
誇れることなんだよ。
そんなふうに考えると、
お金に対する罪悪感は消えていくんじゃないかな。

でも、お金は常に優先順位の一番ではないんだ。

お金は幸せを運んでくれる"エネルギー"そのもの
だと思うから、
そうではない種類のエネルギーのお金は
ほしいとは思わない。

たとえば、ドルフィンツアーのビジネスにおいても、
どんなにスタッフたちが最善を尽くしても、
参加したお客様からたまにはクレームが入ることもある。
我々のビジネスは天候をはじめ、
運に左右されることもあるからね。
そんなとき、もし、返金を求める人がいるのなら、
素直に応じることにしている。
心を込めて提供したサービスにお客様が
何かの理由でハッピーではないのなら、
そのお金は、ハッピーではないエネルギーを
運んできてしまうから。

ハッピーになれるのは、
皆が満足してくれたハッピーなエネルギーがあってこそ。
だから、豊かさを追求するといっても
利益第一主義というよりも、
ハッピー第一主義でいきたいんだ。

そして、自分の元へやってくるハッピーなエネルギーは、
磁石のように同じ種類のエネルギーを引き付けてくる。

story 21
スピリチュアルとビジネスと豊かさと

だから、今の自分はハッピーなエネルギーに
囲まれているんだよ。
こんな考え方こそ、スピリチュアリティと
ビジネスの融合だと思うんだけれど、どうだろう？

しょせん、お金はお金、なのかもしれない。
でも、人生の豊かさを考えたときに、
お金のことをただの物理的なモノとして捉えるよりも、
ハッピーなエネルギーが具現化して
カタチになったものだと思う方が幸せ度だって
まったく違うものになってくると思うんだよね。

だからこれからも、自分にも家族にもスタッフにも、
そして世の中にも
ハッピーなエネルギーを振りまいていくつもりだよ。

今すぐここからHappyルール ㉑

豊かになることは
自分も家族も周囲も社会も幸せにする。
ハッピーなエネルギーのお金なら、
幸せ度だってウンとアップ！

story

あなたはガイドに守られている
〜天使になったアリヤの物語〜

目には見えないけれど、ガイドは存在している

「あなたのガイドに質問してみて！」
「ガイドからのヒントに耳を傾けましょう」

スピリチュアル関係の本なんかを読んでいると、
いつもこんな表現に出会うよね。
ここでの「ガイド」は「ハイヤーセルフ」という
言葉でもいいかもしれない。

そんなとき、
「ガイドがいればどんなにいいだろう……」とか
「自分にガイドがいるならば、
もっといい人生を送れているはず」

なんて思ったりしていない？

確かに、ガイドは目に見える存在じゃないよね。
だから、あなたは自分にはガイドなんていないと
思っているかもしれないね。
ガイドというのは、自分の内側を見つめるための、
想像上の"ツール"みたいなものとしても
語られているからね。

でも、ガイドという存在は本当にいると思うんだ。
目には見えないけれども、あなたには、
あなたを守るガイドがきちんと存在しているはず。

そして、もし、自分にガイドがいるなら、
それは1歳で亡くなった長女のアリヤだと信じているんだ。
これは、「そうであったらいいな」という思いで
言っているのではなくて
実際に、アリヤの気配まで
きちんと感じることだってあるんだよ。

これまで、何度もアリヤに助けてもらっているけれど、
その中でも、とっておきのエピソードを
紹介してみたいと思う。

海の中から白い天使が現れた!?

それは、天気のいい日曜日のある日、
家族でハワイの地元のビーチに行ったときのこと。
ブランチの前に、目の前に広がるいつもの青い海を前に、
ひと泳ぎしようと思ったんだ。

「さあ、泳ぐぞ!」
私は、奥さんに一言ジョークを言って海に駆け出した。
「君に会えてよかったよ! サヨナラ!」
そんな冗談がすぐ後に、
本当に現実になりそうになったことも知らずに……。

早速私は、ここから先は遊泳禁止、という印の旗を
目指して泳ぎはじめた。
体調も万全だったからか、
いつもより早く旗の位置にまでたどり着いたので
そこからUターンをして、家族の待つ浜辺へ向かって
再び一気に泳ぎはじめた――つもりだったんだ。

ところが、そうではなかった。
潮の流れのせいなのか、気がついたら、
さらに沖の方へ流されていたんだよ。
「し、しまった!」と、

そこから懸命に反対方向へ泳ごうとする。
でも、どんなに泳いでも一向に距離は縮まらない。

次第に体力が尽きそうになってくると、
筋肉もこわばってきて動けなくなり、
焦って過呼吸気味になると、
パニック状態になっておぼれかけはじめたんだ。
ついには、もう自力では浮かぶこともできなくなって、
水の中に沈みかけはじめた。
「このまま死んでしまうかも！」という
最悪のシナリオが一瞬頭をよぎったよ。

あたり一面、見渡す限りの海には、
人っ子ひとりいないので誰からも助けてもらえない。
今ここで、大声で叫んでも無理だということは明らか。
愛する家族を置き去りにして、ここで死んでしまうの？

それにしても、どうして今日に限って、
泳ぐ前にあんな冗談を奥さんに言ってしまったんだろう。
まったく、本当になってしまうじゃないか！
言霊って本当なんだな！
そういえば、保険に入ってなかったな。どうしよう！
子どもたちにもう会えないの！？
奥さんひとりで子どもたちを守っていけるかな！？
おぼれかけながら、

次々とそんな思いが頭を駆け巡っていたよ。

絶望の中、力も尽きはじめると後は、
もう祈ることしか残されていなかった。

その瞬間、どこからかひとりの男性が突然現れたんだ。
それは、まるで海の中から急に
浮かび上がってきたような現れ方だったんだよ。
そして、「助けが必要かい？」と言ってきた。
必死でうなずくと、彼は手袋
（カエルの手のような水かきのようなものが
ついていたのをしっかり憶えている）
をはめた手を大きく上に挙げて、
岸にいるライフガードに大きく手を振ってくれたんだ。
「ああ、天使が来てくれた！」

やっとのことで彼を見ると、
普通なら泳ぐときに決して被らない
つばの広い白い帽子を被っていた。

海の天使になったアリヤ

彼が手を振ってくれたおかげで、
ライフガードがジェットスキーを飛ばして

駆けつけてくれた。
それは、ほんの一瞬のできごとだった。

こうして、私の命は助かったんだよ。
岸に着いて、この見知らぬ男性にお礼を言わなくては！　と
あたりを見回すと誰もいない。
彼はすっかりどこかに消えてしまっていたんだよね。

ライフガードの人は、手当てをしてくれながらこう言った。
「白い帽子が目についたから気づけたんだよ！
それに、ジェットスキーが近くにいたのも
本当にラッキーだった」

こうして、無事に家族の元へ戻れたんだよ。
その後、しばらくの間、浜辺に残って助けてくれた
白い帽子と手袋の男性を探していたけれど、
彼の姿はもう見つけることはできなかった。

それにしても、あのとき、周囲には誰もいなかったのに、
白い帽子と水かきのついたような手袋の男性が
突然、現れるなんていうことが本当にありえるのかな？

その日は、そんなことを思いながら眠りにつこうとしたとき、
いつもベッドサイドに置いている
長女アリヤの写真にふと目がいったんだ。

実は、それまでまったく
意識もしていなかったけれども、
彼女は頭に白いフードの帽子を
被っていることに気づいたんだ。
それは、今日のあの男性の帽子ととても似ていたんだよ。

その瞬間、鳥肌が立った。
実は、本当は心のどこかでわかっていたんだ。
アリヤ、きっとお前が助けてくれたんだよね。
どうもありがとう。

「アリヤ (Ariya)」は、サンスクリット語で
「光の女神」という意味にちなんでつけた名前だった。
そして、これはこの一件の後に知ったことだけれど、
ガーディアンエンジェルとして知られている
「アリエル (Ariel)」は、「海の守り神」なんだそうだ。

私にはガーディアンエンジェル、
アリヤが守り神になってくれている。
そして、あなたにはあなただけの
ガーディアンエンジェルがきっといる。

ただ、それを信じるだけでいいんだよ。
信じれば信じるほどに、
あなたのガイドはあなたのことを見守り、
助けてくれるはずだよ。

今すぐここからHappyルール 22

どんな人にもガイドがついている。
目には見えないガイドを信じることで
さらにサポートも引き寄せる。

Richard's Column 2
海の天使アリヤが イルカを連れてきた

アリヤが海の天使であることがわかるエピソードが
もうひとつあるんだよ。

ドルフィンツアーには、ボートが必要だよね。
このビジネスをはじめて以来、
ボートは借り受けたものを使用していたんだけれども、
初めて、ドルフィンツアー用の我々のボートを購入したとき、
ボートに「アリヤ号」と名づけたんだ。

我らのボート、アリヤ号が完成して
初めて海に出航する日。
実はその日は急遽、
日本から「イルカを撮影したい」といって
TV番組の取材が入っていたんだけれども、
諸事情でイルカがいつもいる場所の海へは
行けないことになっていた。

そこで、「イルカには会えないと思います。
もしかしたら、ウミガメには会えるかもしれません」
と伝えて、番組のスタッフからも
了承を得ていたんだ。
30年のキャリアがあるキャプテン（船長）も
「イルカに会うのは100%無理だね」と言っていたね。

さて翌日、アリヤ号は、
処女航海のための儀式を終えて、
海へ出ていくことに。

そして、TVクルーを乗せてハーバーから出発して数分、
驚くべきことが起こったんだ。
なんと、大勢のイルカたちが現れたんだよ。
なんと、その数、数百頭あまり。
ハーバーから出たばかりのいつもの海では、
決して見られない光景だった。
それはまるで、イルカたちが
待っていてくれたかのようだったよ。

これには、キャプテンやスタッフもびっくり。
そして、番組のクルーは大喜び。
大勢のイルカたちは、ボートに沿って
ダイアモンドヘッドまでついてきてくれた。

そして、そこからまたハーバーに戻る手前まで、
ずっと一緒についてきてくれたんだよ。
それはそれは、壮観だった。
そこにいた誰もが「これは奇跡だ！」と
口々に言い合っていた。

そして、撮影も無事に終了して戻ってきたとき、
はっとしたんだ。
アリヤ号が海に初めて出た日、8月23日は、
アリヤの命日だったんだよ。
もちろん、それは事前に計画していたわけではないよ。
そしてその日は、アリヤが旅立って
ちょうど23年目の日だった。

こんなふうに、
アリヤはときどき奇跡を見せてくれるんだよ。
海の天使として。

おわりに

「事実は小説よりも奇なり」
私が自分の人生を語るとき、
そんな言葉をかけてくださる人もいます。

ここまで読んでくれたあなたは、
ちょっと不思議で奇想天外、
そしてミラクルな私の人生を
ちょっぴり垣間見ていただけたでしょうか。

本書を通してお伝えしたかったこと。
それは、もし、
自分の生き方にポリシーというものがあるのなら、
「まずは、自分がハッピーでいたい。
そして、周囲の皆も同じようにハッピーであってほしい」
ということ。
そして、心からそのことを願うときに、
人生には説明もできないような、
何か不思議なことが起きはじめるということ。

おわりに

たとえば、最初のキャリアとして、
米軍のネイビーに所属していたときのこと。

まず、米軍になぜ入ったかと言うと、その理由は、
世界中を旅したかったからなのです（米軍の中でも
ネイビーが一番いろいろな所へ行けたんだよ！）。
特に、自分が米軍に所属していた時代は、
開国以来ずっと戦争をし続けてきたアメリカの歴史の中で、
初めて戦争というものがなかった
平和な時代だったのです。

それでも、軍隊に所属しているということは、
常に戦争に向けて待機をするということ。
つまり、人を殺めるための訓練をしたり、
そのための準備をするということ。
人を傷つけるのはいやだし、ましてや、
人を殺すなんてもってのほか。
「こんな生き方は自分じゃない」とずっと思っていました。

そして、ついに決心して米軍を除隊することに。
すると、除隊後3か月後に中東危機が勃発し、
所属していた部隊は実際に現地に赴くことになって
仲間の何人かは亡くなってしまった……。

アメリカの"しばらく平和だった時代"も
ここで途切れてしまったのです。

そのとき、自分の内側に耳を傾ける、
ということの大切さを思い知り、
そこからは、自分探しに没頭する日々がスタート。

スピリチュアル関係の本や
ワークショップにお金を散財して
ヨギに師事してヨガを通じて生き方を究めようとした
時代もあったし、
一時期は、自分探しのための情報と知識で
頭でっかちになったことも。

でも、幸いなことに、

常にジェットコースターのような人生を送っていたから
晴れの日も嵐の日も、
自分探しで得た知識が本当に正しいかどうか、
また、自分のものにできるかどうかを
自分の体験の中でいつも確かめることができたのです。

そして、山のようなスピリチュアルの知識から、
今、自分の中に残っているのは、
本当に真実だと思えるものだけ。

頭にある知識は、経験を通して
ハートにきちんと落とせてこそ、
はじめて役に立つもの。

今、世の中にはかつてに比べて、
はるかに多くの情報があふれています。
引き寄せのルールから成功術に開運法、
さまざまな知識やメソッドは、
あなたが実際に体験をしてみないかぎり、
それらはただの情報にしかすぎないのです。

——経験を伴わない情報には意味がない。
知識を伴わない行動は危険なだけ。
知識を伴った経験こそ賢いものになる——

何かの本で読んだこのフレーズは、
生き方の指針になっています。
やはり、知識を伴った経験を重ねてこそ、
自分が何者であるかに気づくことができるのだから。
そしてもちろん、そのためにはツールだって必要。

「どうしたら、幸せになれるの？」
「自分らしい生き方で成功したい！」

そんな自分探しをしているあなたに、
たくさんのツールの中から
この本がその一助になってもらえたなら、
こんなにうれしいことはありません。

少なくとも、この本を読んでいただいたあなたが
ちょっとだけでも"ハッピーマン"や"ハッピーウーマン"
になってもらえたなら、それだけでいいのです。

おわりに

なぜって、そこから、
すべてがはじまるのだから。

それでは、「リチャードの人生劇場」の続きはまた今度！

――ハワイでイルカと皆さんに会える日を心待ちにしながら
=Let's realize that we are all truly one=

2018年8月
リチャード・ホーランド

読者特典 今すぐ、ここで
ハワイをバーチャル体験!

URLをクリックすると、映像が流れます。

http://www.voice-inc.co.jp/content/1165

ハワイに行きたい!
そんな人に、リチャードがハワイのツアーを映像でご案内!
青い海にドルフィンたち、そして、マナ(ハワイ語で超自然的な力)のパワーの宿る緑豊かな森、そんなハワイの大自然の魅力がぎっしり詰まったビデオです。
お部屋にいながら、今すぐここからハワイに飛び立とう!

リチャード・ホーランド Richard Holland

1959年米国ペンシルベニア州生まれ。世界を渡り歩きたくて、アメリカ海軍に入隊。勤務で訪れた日本でデジャブを体験し、日本との深い縁を感じる。その後、エンジニアとしてトップクラスの成績を収め、NASAへの就職のチャンスがあったにもかかわらず、日本人女性と結婚し日本へ移住。不意の事故に遭い、危うく全身麻痺になりそうな状態から奇跡が起こり、完治に至る。日本に20年住んだ後、今は亡き娘アリヤに導かれてハワイに移り住み、不思議な縁で、野生のイルカと泳ぐオプショナルツアー会社「ドルフィン＆ユー」を引き継ぐ。ゼロから始めた会社は、さまざまな困難を経て、毎年2万人以上の参加者がやってくるツアーへと成長し、現在は、「アンドユークリエーションズ」という7つのサービスを展開する会社へと飛躍。ハワイで成功した実業家として話題を集めている。ハワイの生活の中で学んだことを基に、幸せにする習慣術のセミナーなどを行っている。

本書の利益の一部は、ハワイの自然やイルカなど
海の生き物たちを保護する活動の支援に充てられます。

「ドルフィン＆ユー」
野生のイルカと泳ぐツアー

楽園ハワイの青い海で野生のイルカと泳ぐツアー。ハワイのベストツアーに選ばれました！

「ネイチャー＆ユー」
マノアの滝ハイキングツアー

ハワイの大自然を体験するツアー。ハイキングの終点には自然が作り出した傑作マノアの滝があります。

「アイランド＆ユー」
オアフ島一周ツアー

イートローカル・フィールローカル、ハワイを食べる！ハワイを感じる！がテーマのオアフ島一周ツアーです。

感じる、見つける、私のハワイ

「ハート＆ユー」
スピリチュアルリトリート

リチャード・ホーランドのスピリチュアルライフスタイルを学ぶリトリートツアーです。

「ドリーム＆ユー」
ウェディング、散骨ツアー

温かいスタッフによる手作りウェディング、大切な人のための散骨ツアーを企画します。

「オーシャン＆ユー」
プライベートボートチャーター

ハワイの海を独り占め、自由自在にプランできるプライベートチャーターです。

「アンドユークリエーションズ」は、自分だけのハワイを感じたい、見つけたい、体験したい！とハワイに来たあなたとともに歩んでいくような存在でありたいと思っています。
私たちと一緒にあなただけのハワイを見つけてください！

「トレジャー＆ユー」
オリジナルグッズのショップ

オリジナル商品、地元のアーティストとのコラボ商品をご紹介しています。

詳しい情報はこちらをご覧ください！
https://andyoucreations.com/ja/
info@andyoucreations.com

自分らしく生きるために
タイトル<ruby>肩書<rt></rt></ruby>はいらない
アイアム ハッピーマン！
ハワイでイルカと泳ぐリチャードの幸せになれるヒント 22

2018 年 9 月 15 日　第 1 版第 1 刷発行

著　　者	リチャード・ホーランド
プロデュース	山本時嗣
編　　集	西元啓子
校　　閲	野崎清春
装幀・イラスト	藤井由美子
発 行 者	大森浩司
発 行 所	株式会社 ヴォイス　出版事業部 〒106-0031 東京都港区西麻布3-24-17 広瀬ビル ☎ 03-5474-5777 （代表） ☎ 03-3408-7473 （編集） 📠 03-5411-1939 www.voice-inc.co.jp
印刷・製本	株式会社光邦

© Richard Holland Printed in Japan.
ISBN 978-4-89976-481-6

禁無断転載・複製

ヴォイスグループ情報誌
「Innervoice」
会員募集中!

1年間無料で最新情報をお届けします!(奇数月発行)

主な内容
- 新刊案内
- ヒーリンググッズの新作案内
- セミナー&ワークショップ開催情報 他

お申し込みは ✉ **member@voice-inc.co.jp** まで
☎ 03-5474-5777

最新情報はオフィシャルサイトにて随時更新!!

- www.voice-inc.co.jp/ (PC&スマートフォン版)
- www.voice-inc.co.jp/m/ (携帯版)

無料で楽しめるコンテンツ

facebook はこちら
☞ www.facebook.com/voicepublishing/

✉ 各種メルマガ購読
☞ www.voice-inc.co.jp/mailmagazine/

グループ各社のご案内

- 株式会社ヴォイス ☎ 03-5474-5777 (代表)
- 株式会社ヴォイスグッズ ☎ 03-5411-1930 (ヒーリンググッズの通信販売)
- 株式会社ヴォイスワークショップ ☎ 03-5772-0511 (セミナー)
- シンクロニシティ・ジャパン株式会社 ☎ 03-5411-0530 (セミナー)
- 株式会社ヴォイスプロジェクト ☎ 03-5770-3321 (セミナー)

ご注文専用フリーダイヤル
☎ 0120-05-7770

VOICE